Chefredakteur Martin Kunz

Jung, modern, spannend – mit 70

Der Flug von München nach Israel dauert eine Tageszeitung lang und zwei Gläser Orangensaft. Wer dann nach kaum vier Stunden am Flughafen Ben Gurion ankommt, landet in einem kleinen Land voller touristischer Höhepunkte: Soll man ins südliche Eilat zum Delfinschwimmen (Seite 58) oder lieber in den Norden zum Wandern auf dem Jesus Trail (Seite 112)? Unsere Reporter waren auch zur Weinverkostung in Galiläa (Seite 120), sie haben natürlich ein Wellnesshotel am Toten Meer (Seite 90) besucht und 24 Stunden in Tel Aviv durchgefeiert (Seite 42).

Gäste, die das erste Mal in Israel den Urlaub verbringen, sind überrascht: von dem modernen Straßennetz, den eleganten Boulevards, den weitläufigen Stränden am Mittelmeer und den beeindruckenden historisch-religiösen Bauwerken. Die Israelis sind interessiert und extrovertiert – in Cafés, Bussen, im Supermarkt und auf der Straße wird der Fremde in Gespräche verwickelt. Wo gibt's denn das? Herrlich! Und dann diese vielen jungen Leute, die anscheinend alle in spleenigen Start-ups arbeiten!

Ein Reisemagazin Israel zu planen, Reporter und Fotografen auf die Reise zu schicken und namhafte Schriftsteller wie David Grossman (Seite 54) und Tuvia Tenenbom (Seite 66) zu gewinnen, war für die Redaktion eine besonders spannende Aufgabe. Es ist unser Beitrag, 2018 den 70. Jahrestag der Staatsgründung Israels zu feiern.

Ich wünsche Ihnen viel Vergnügen dabei, auf 146 Seiten die schönsten Seiten des Heiligen Landes zu entdecken.

DAS MOTIV: Das Matkot-Spiel in Tel Aviv wurde mit Ilan und Keren am Strandabschnitt Charles Clore fotografiert

DAS FOTO: Wurde von dem Fotografen Jonathan Bloom im Oktober 2017 in Szene gesetzt

Foto: Peter Neusser

Inhalt

008
Menschen
Ein Zitrusfruchtforscher, ein Mando-linenspieler von Weltruf, ein Basket-ballprofi, eine Museumskuratorin, ein weiblicher Oberstleutnant und zwei Nachwuchsforscher im wissenschaft-lich-technologischen Kindergarten

018
Kurz & Gut
Hebräischkurs mit Graffiti, der Briefkasten Gottes und Eis am Stil: Interessantes, Kurioses, Wissenswertes

026
Kolumne
Wie ein Paar Schuhe Max Scharniggs Verhältnis zu Israel nachhaltig verändert hat

Service

038 — Info Bustour
Verbindungen, Hotels und Lokale

051 — Info Tel Aviv | Mittelmeer
Nachtleben, Bauhaus-Herbergen, Restaurants und Strände

064 — Info Eilat
Sehenswürdigkeiten unter und über Wasser, Hotels und Lokale

076 — Info Kibbuz
Für Ruhesuchende, Sportler, Genießer und Kunstfreunde

086 — Info Jerusalem
Anschauen und Übernachten

096 — Info Totes Meer | Übernachten
Wellnesshotels, Natur und Restaurants

108 — Info Kulinarik
Gut essen in Jerusalem und ganz Israel

118 — Info Wandern
Jesus Trail und weitere Routen

124 — Info Wein
Weingüter in allen Landesteilen

028
Bustour
Israel verfügt über ein gut ausgebautes Netz an Linienbussen. Mit ihnen kommt man durchs Land – und auch leicht mit Einheimischen ins Gespräch. Eine nicht gerade alltägliche Fahrt

042
Nachtleben in der Doppelstadt
Die Flohmarktkneipen in Jaffa sind nur eine Station unserer Reise durch die Nacht. Eine lässige Tour, die am nächsten Morgen in Tel Aviv endet

054
Interview
Autor, vielfacher Preisträger, Atheist und Hoffnungsträger: David Grossman im Gespräch mit Gero Günther

058
Wasserwelt
In Eilat arbeiten Delfintrainer und -forscher mit den intelligenten Meeressäugern, die selbst entscheiden, ob sie menschlichen Kontakt zulassen

066
Im Dialog
Ein Gedankenaustausch zwischen dem Autor Tuvia Tenenbom und der israelischen Einwanderungsministerin

068
Feldstudie
Früher lebten Kibbuze wie Ketura ausschließlich von der Landwirtschaft, heute sind sie auch Orte zum Studieren

078
Kippa & Co
Von Kopfbedeckung bis Zeitrechnung: Wichtiges zum Judentum

080
Religionsstunde
Wie in Jerusalem Vertreter aller drei monotheistischen Weltreligionen miteinander auskommen (müssen)

090
Wellness am Toten Meer
Dank mineralhaltigem Schlamm, viel, viel Salz und fachkundigen Mitarbeitern fühlen sich Gäste des Kibbuz-Hotels Ein Gedi wie neu geboren

100
Marktwert
Rund um den Markt Machneyuda in Jerusalem haben sich das gleichnamige Spitzenrestaurant und etliche weitere Lokale angesiedelt

112
Spurensuche
Das Neue Testament als Reiseführer: Auf dem Jesus Trail von Nazareth zum See Genezareth können Wanderer die Orte kennenlernen, an denen Jesus lebte und wirkte

120
Weinwunder
Auf seinem Gut im Judäischen Bergland tragen Israel Flam und seine Familie zur Neubelebung des traditionellen israelischen Weinbaus bei

126
Kunstfestival
Der Wolkengarten und der Tempel des göttlichen Traums sind zwei von 87 Werken, die beim Midburn-Festival in der Negev-Wüste für Erstaunen und viel gute Laune sorgen

136
Das Original
Nur keinen Bammel vor der Reise nach Jerusalem! Mit ein bisschen Chuzpe wird sie zum Kinderspiel

138
Hin & Weg
Nützliches kompakt: Mobilität, Klima, Events, Adressen, Dos and Don'ts, Packtipps und Karte

146
Souvenir
Eine Wüstenpflanze, die immer wieder zu neuem „Leben" erwacht

Rubriken
003 — Editorial
144 — Impressum und Vorschau

Fotos: Yadid Levy (2), Jasmin Rozencwajg, Michela Morosini (2), Corinna Kern, Raphaël Pincas

❶ *Fotograf Yadid Levy*

FRÜHAUFSTEHER. Im besten Licht erscheint die Wüste entweder spätnachmittags oder ganz früh am Morgen. Auf der Bustour durch Israel (S. 28) stellte sich Fotograf Yadid Levy, hier kurz nach Sonnenaufgang an der Festung Masada über dem Toten Meer, häufig den Wecker. Und das hat sich gelohnt.

❷ *Autorin Sabine Brandes*

EINSATZKRAFT. In das Ein-Gedi-Hotel (S. 90) kommen die Gäste auch wegen komfortabler Zimmer und der Nähe zur Wüste. Noch wichtiger aber sind die Wellnesstherapien mit Schlamm und Salz aus dem Toten Meer. Da zeigte die Autorin in der Praxis vollen körperlichen Einsatz.

❸ *Fotograf Raphaël Pincas*

FEUERLÖSCHER. Wenn's brennt, egal ob in der Wüste Nevadas oder beim „Midburn Festival" (S. 126) im Negev, ist Raphaël Pincas mit seiner Kamera zur Stelle. In Israel entlockte er Besuchern und Künstlern auch ganz persönliche Statements.

❹ *Fotografin Jasmin Rozencwajg*

LEUCHTKRAFT. „Nachtleben" (S. 42) ist ein relativer Begriff, erst recht in Tel Aviv-Jaffa. Zwischen 16 und 4 Uhr war unsere Bildredakteurin an den Hotspots der Doppelstadt unterwegs und brauchte gegen Mitternacht dringend eine kleine Stärkung. Sie griff zu Malabi, einer Art Milchpudding, der vor dem Alten Rathaus am taghell erleuchteten Bialik-Platz verkauft wird.

❺ *Dokumentarin Dr. Traute Ewers*

INSTANZ. Mit vielen Nachfragen bei Autoren, mit dem immer aktuellen Duden und mit ganz viel Fingerspitzengefühl arbeitet sie daran, dass unsere Texte makellos in Druck gehen. Und kann dabei auch auf jahrzehntelange Erfahrung zurückgreifen. Oder muss es „Jahrzehnte lange" Erfahrung heißen oder gar „zurück greifen"? Traute, bitte checken!

❻ *Autor Gero Günther*

GRATULANT. Kurz vor dem Interview (S. 54) mit David Grossman (links) wurde dessen Buch „Kommt ein Pferd in die Bar" mit dem „Man Booker International Prize" ausgezeichnet – für Gero Günther der ideale Einstieg ins Gespräch.

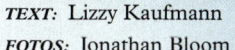

TEXT: Lizzy Kaufmann
FOTOS: Jonathan Bloom

DER FRUCHTBARE

Dass Geschmäcker sich ändern, weiß Ron Porat, 55, nur zu gut. Als Ernteforscher sorgt er dafür, dass Zitrusfrüchte aus Israel auch künftig schmecken. Dafür tüftelt er an neuen Sorten, die fruchtig, aber nicht zu sauer sein sollen und sich gut lagern lassen. „Und sie müssen leicht zu schälen sein", erklärt Ron Porat. Heute soll eben alles schnell gehen. Daher sind sie nicht mehr zu finden, die berühmten Jaffa-Orangen, die einst in Seidenpapier gehüllt die Obstschalen deutscher Wohnzimmer füllten.

„Die Menschen bevorzugen heute Mandarinen", sagt der Experte. Seit 20 Jahren arbeitet er am Volcani Center in **Rishon Lezion,** südlich von Tel Aviv. Und dazu gehört auch, ab und an zuzubeißen: „Wir haben Tester, die die neuen Sorten probieren und beschreiben, ob sie sauer, süß oder fruchtig sind." Wie viele er selbst schon zu Forschungszwecken gegessen hat, kann er nicht mehr zählen. Einen Favoriten allerdings hat er: „Eine neue Sorte, ein Hybrid aus Pomelo und Mandarine namens Aliza. Die hat einen einzigartigen Geschmack. Wir müssen sie nur noch vermarkten."
www.agri.gov.il

DER VIELSAITIGE

Seine Mandoline hat ihn längst in die Welt hinausgetragen: Avi Avital lebt heute in Berlin und erobert Konzertsäle von Alaska bis Asien, von Südamerika bis Europa. Im Jahr kommt er da schon mal auf stattliche 110 Konzerte. Und obwohl er selbst an Orten wie der Carnegie Hall in New York spielt, bleibt es für den 39-Jährigen etwas ganz Besonderes, wenn er in seiner Heimatstadt **Beer Scheva** im Süden Israels auftritt: Im Performing Arts Center saß er früher im Publikum, wenn das Sinfonieorchester gastierte. Damals hörte er als Kind einen Nachbarn auf der Mandoline spielen und verliebte sich in das mandelförmige Zupfinstrument. „Bis in die Siebzigerjahre hatte fast jeder Kibbuz ein Mandolinenorchester", erzählt Avi Avital. Er selbst interpretiert Bach und Vivaldi heute genauso wie Klezmer oder bulgarische Folklore. „Musik ist gut für die Gesellschaft und die Menschheit. Wenn die Leute mehr Kunst konsumieren würden, könnten wir in einer besseren Welt leben." So leidenschaftlich, wie er spricht, spielt er auch – und wurde bereits für einen Grammy nominiert.
www.aviavital.com
www.english.isb7.co.il

DER RUNDMACHER

In seiner Freizeit spielte der junge Oz Blayzer mit seinen Freunden am liebsten Fußball im Freien – gleich nach dem Basketballtraining in der Halle. Alles drehte sich bei ihm ums Runde, alles war anfangs nur ein Spiel. Erst ein Nachbar in seinem Heimatdorf Kfar Tavor in Galiläa brachte die Karriere ins Rollen. „Er sagte zu meinem Vater: ‚Der Junge ist groß und hat Potenzial. Er sollte in eine bessere Mannschaft'", erinnert sich Oz Blayzer. Der Junge wurde sogar noch größer, wuchs auf 1,98 Meter und ist heute, mit 25 Jahren, nicht nur Mannschaftskapitän bei Maccabi Haifa, sondern auch Mitglied der Nationalmannschaft. „Es ist ein Traum vieler Kinder in Israel", erzählt er stolz. Basketball ist in Israel populär, die Nationalmannschaft erfolgreich. Doch Oz Blayzer bleibt ehrlich: „Mit Fußball ist es trotzdem nicht zu vergleichen." Fußball sei einfach zugänglicher, lasse sich leicht mal am Strand spielen. Leidenschaft für Basketball und die Teams ihrer jeweiligen Stadt zeigen Israelis trotzdem: „Wenn ich heute in **Haifa** unterwegs bin, wie hier auf dem Wadi-Nisnas-Markt, werde ich schon mal erkannt." Und Fotos mit Fans sind für Oz Blayzer immer drin.
www.mhbasket.co.il/en

DIE DURCH-DESIGNTE

Zwischen grauweißen Wohnhäusern sticht es wie ein Schatz hervor, das Design-Museum Holon mit seiner rostbraunen Fassade aus Cortenstahl, der sich in Schleifen um das Gebäude zieht. Entworfen hat das Museum Ron Arad, es steht in **Holon,** einem Vorort von Tel Aviv. Ein Gebäude, so ikonisch, dass es ein Briefmarkenmotiv werden könnte – so lautete der Wunsch der Stadt. „Wir kamen zu einem Pressetermin nach Holon, wo der Plan vorgestellt wurde, und lachten erstaunt", erzählt Chefkuratorin Maya Dvash, damals noch Chefredakteurin eines Design-Magazins. Würde das gut gehen? Ja, es ging gut! Das Museum, mit den Condé Nast Traveller Awards für Innovation und Design ausgezeichnet, eröffnete 2010. Maya Dvash kuratiert Ausstellungen mit Werken internationaler Designer wie Jaime Hayon, Iris van Herpen und Yohji Yamamoto. Rund 70 000 Besucher aus Israel und dem Ausland kommen jährlich – das Museum ist zur Vorstadtikone geworden. „Heute reicht ein Bild des Gebäudes schon aus – dann wissen die Menschen, was es ist. Wir brauchen den Namen nicht mehr dazuzuschreiben."
www.dmh.org.il

DIE WEHRHAFTE

Schon als Kind war sich Yehudit Halifa sicher, dass sie Soldatin werden wollte. Der Dienst in der Armee ist in Israel für Männer und Frauen Pflicht, doch Yehudit wollte mehr – und blieb. Mit 39 Jahren leitet sie als Oberstleutnant die Technologie-

Abteilung der Homeland Security. „Ich will etwas Bedeutendes tun und meinem Land helfen." So arbeiten sie und ihr Team daran, dass Israelis rechtzeitig gewarnt werden, wenn Gefahr droht – beispielsweise durch Sirenenalarm bei Raketenangriffen. Um alles auf die Reihe zu kriegen, sind die Stunden ihres Tages streng durchge-

taktet: Die Mutter von drei Kindern spielt erfolgreich Tischtennis und legt Wert darauf, in ihrer Uniform – waldgrüne Hose, graugrüne Bluse – weiblich zu wirken. Auf ihren Fingernägeln leuchtet roter Nagellack: „Alle drei Wochen gehe ich morgens um sechs zu meiner Nachbarin ins Nagelstudio", erzählt sie. „Dann bin ich um

sieben daheim, mache die Kinder für die Schule fertig und fahre zur Arbeit." Mit ihren Kindern geht sie gern in den Haaliya-Hashniya-Garten in **Givatayim,** einen der ältesten Parks des Landes nahe Tel Aviv. Für die Kleinen ist sie ein Vorbild: „Wenn ich bei der Zeremonie am Unabhängigkeitstag salutiere, sind sie sehr stolz."

DIE FRÜHREIFEN

Seit Kurzem erst besuchen Itamar, 4, und Emily, 5, den Mada-Kids-Kindergarten in **Beer Scheva.** Doch schon jetzt wissen sie genau, was hier am allerbesten ist: „Die Roboter", sagen sie spontan, öffnen den Baukasten, dann die Anleitung auf dem iPad und basteln los. „Das wird ein Hubschrauber, und die Propeller drehen sich", erklärt Itamar. Dafür schließen sie ihn per USB an den PC an. Später werden sie auch einen Krokodilroboter bauen, der schnappt – wenn man auf dem PC die richtigen Tasten drückt. Ein gewöhnlicher Kindergarten ist das nicht, vielmehr ein wissenschaftlich-technologischer – eine gemeinsame Initiative von Lockheed Martin, der Rashi-Stiftung, der Stadt Beer Scheva und der Bildungs- und Wissenschaftsministerien. In dem Haus lernen die Vier- bis Fünfjährigen das, wofür Israel bekannt ist: das Programmieren. „Start-up-Nation" wird das Land deswegen auch genannt. In Beer Scheva wächst derzeit ein Technologiepark heran, in dem an der Cyberabwehr gearbeitet wird. Ob die beiden sich so ihre Zukunft vorstellen? „Ich will Ballerina werden", sagt Emily. „Und ich Arzt", erklärt Itamar. Aber wenn das nichts wird, dann vielleicht doch irgendwas mit Robotern. *www.rashi.org.il/madakids*

Israel in Zahlen. Der Staat Israel wurde am **14. Mai 1948** ausgerufen, entsprechend der **„Grünen Linie"** von **1949** umfasst er **20 766 km²** und ist damit kleiner als das deutsche Bundesland **Hessen**. Der Staat hat eine **Nord-Süd-Ausdehnung** von ca. **420 km**, hier leben etwa **8,4 Mio.** Menschen, darunter ca. **75 % Juden** und **20 % Araber**. Der aus **3 Quellflüssen** gespeiste **Jordan** ist mit rund **320 km** der längste Fluss des Landes und mündet **428 m u. NN** ins **Tote Meer**. Im Jahr **1973** nahm Israel das erste Mal am **Grand Prix** teil und hat seitdem **dreimal** den internationalen **Musikwettbewerb** gewonnen

Völkerverständigung. Das moderne Hebräisch (Iwrit) ist die meistgesprochene Sprache in Israel und wie Arabisch Amtssprache des Landes. Das Hebräische wurde ab etwa 200 n. Ch. nur noch als Sakralsprache verwendet, bis Eliezer Ben-Yehuda auf Grundlage der Bibelsprache das moderne Hebräisch schuf (siehe Seite 54). Hebräisch und Arabisch gehören zur semitischen Sprachfamilie und werden von rechts nach links geschrieben. Eine besondere Sprachvarietät ist das Jiddische (s. a. Seite 136), das sich im Mittelalter herausbildete: Die im deutschen Sprachraum lebenden Juden mischten das Althochdeutsche mit hebräischen Elementen. So ist etwa das Wort „Pleitegeier" keine scherzhafte Bezeichnung für den Bundesadler, sondern geht zurück auf den „Plejte Gejer", der vor seinen Schuldnern floh (Plejte = Flucht, Gejer = Geher, Läufer).

Hier ein kleiner deutsch-hebräischer Sprachführer:

Hallo! / Guten Tag! / Tschüs!	Schalom!
Wie geht's?	Ma nishma?
Bis bald!	Nitra'e bekarow!
Danke!	Toda raba!
Hotel	malón
Arzt	rofé
Feiertag	chag
Polizei	mischtara
Sehen wir uns morgen?	Nitra'e machar?
Besuchen Sie mich mal!	Bo'i lewaker oti!

Kunstsprache

STREET-ART. In ein anderes Land einzutauchen, in dem sich nicht nur die Sprache, sondern auch die Schrift von der gewohnten unterscheidet, ist eine Herausforderung. Wer die allerersten Schritte in Richtung Hebräisch unternehmen möchte und sich für Street-Art interessiert, ist bei Guy Sharett gut aufgehoben. Mit seinen Schülern streift der Sohn einer Malerin und eines Seemanns durch die Straßen von Florentin, dem Künstlerviertel im Süden Tel Avivs, in dem sich besonders viele Graffitikünstler austoben. Die Wandbilder, Straßenschilder und sogar Autoaufkleber sagen viel mehr über die zeitgenössische Kultur Israels aus als das beste Sprachlehrbuch, so das Prinzip der Tour. Guy dechiffriert komplexe Ausdrücke, vermittelt wichtige Redewendungen, Umgangssprache und Slang. Wer könnte qualifizierter sein als jemand, der schon einem italienischen Franziskanermönch in seiner Sprache Kenntnisse der biblischen hebräischen Grammatik beigebracht hat? Eine Doktorarbeit in Hebräisch lässt sich nach eineinhalb Stunden „Streetwise Hebrew" natürlich noch nicht schreiben, aber: Sprachlos in Tel Aviv – das war einmal.

www.streetwisehebrew.com

Helle Momente

DESIGN. Nachtschwärmern, die überhaupt nicht mehr ins Bett gehen möchten, hilft der ehemalige Designstudent Choni Beigel. Für einen Kurs in Metallverarbeitung baute

er eine Nachttischlampe in Form der Straßenschilder Tel Avivs. Im Laden der Kunstschule wurden sie sofort zum Erfolg. Nachdem er ein Foto gepostet hatte, liefen in einer Stunde 2000 Likes ein, heute verschickt er die Leuchtkörper in die ganze Welt. Sie beziehen ihre Energie über einen USB-Anschluss und sind mit den Straßennamen in hebräischer, arabischer und lateinischer Schrift bedruckt. Umgerechnet ca. 65 € (plus Versand) dafür sind eine gute Investition und erheblich günstiger, als jede Nacht durch Bars und Clubs zu ziehen.

www.kinggeorgelamps.com

Eckensteher: Streng genommen ist es auch in Tel Aviv verboten, Wände zu besprühen, doch in Florentin stört sich daran keiner

Unter uns. Die Hauptstadt der Privatvermietungen heißt Tel Aviv. AirBnB listet dort pro 100 Einwohner mehr als drei Unterkünfte – in Hamburg 0,44

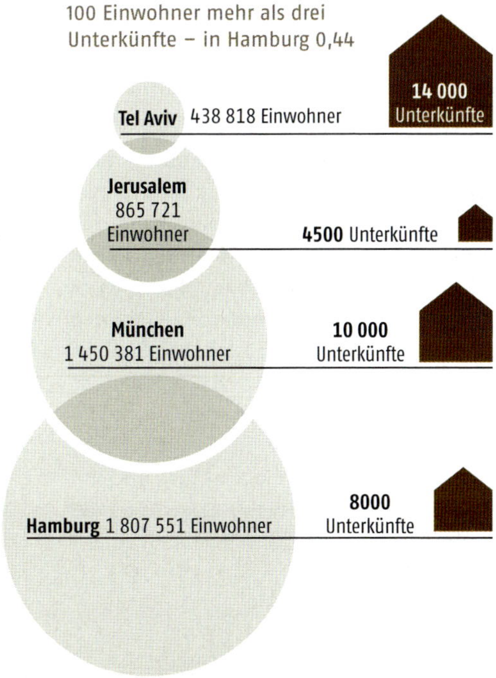

Tel Aviv 438 818 Einwohner — **14 000 Unterkünfte**

Jerusalem 865 721 Einwohner — **4500** Unterkünfte

München 1 450 381 Einwohner — **10 000** Unterkünfte

Hamburg 1 807 551 Einwohner — **8000** Unterkünfte

Vielflieger-programm

NATUR. Im Frühjahr und im Herbst liegt Israel – am Schnittpunkt dreier Kontinente – auf der Route von ca. 500 Millionen Zugvögeln. Neben Störchen und Pelikanen passieren auch Kraniche den Hula Lake – oder sie sollten es vielmehr. Denn weil sie an ihren Destinationen in Afrika immer weniger Futter finden, überwintert inzwischen jeder dritte von ihnen in Israel. Damit die geschätzt 40 000 Vögel nicht über die Erdnussfelder herfallen, werden sie mit 8 t Mais täglich gefüttert. Das Programm kostet zwar etwa 600 000 € jährlich, funktioniert aber, denn die Kraniche fressen nur dort, wo sie sollen.

Fluggesellschaft: Störche sind eine von 550 Zugvogelarten, die in Israel Pause machen

Schon gesehen, gehört, gelesen?

MEDIEN. Israel überrascht mit einer originellen Kulturszene, zu deren Protagonisten u. a. die Autorin Zeruya Shalev und der Sänger Asaf Avidan zählen. Hier drei Tipps:

01 „DAS SCHWEIN VON GAZA" *Der Film von Sylvain Estibal (2011) ist eine schwarzhumorige Tragikomödie rund um ein Hängebauchschwein und den Nahostkonflikt.*

02 „ESTER RADA" *Soul, Funk und Ethno-Jazz sind ihre Leidenschaft, Nina Simone, Aretha Franklin und Ella Fitzgerald ihre Vorbilder. Die 32-jährige Israelin mit äthiopischen Wurzeln feiert mit ihrer kraftvollen Stimme einen Siegeszug durch die Konzerthallen der Welt.*

03 „DAVID UND CHRISTINA ERZÄHLEN" *Ein Kinderbuch auf Hebräisch und Deutsch, erdacht von Schülern aus Haifa und Krefeld, stellt Sitten und Gebräuche des jeweils anderen Glaubens vor.*

01

02
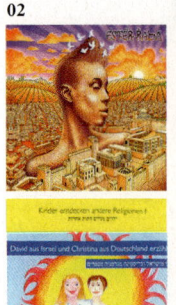

03

Plastikgeld. 2014 haben 75 % aller Israelis über 15 Jahre eine Kreditkarte benutzt. Damit steht das Land weltweit an der Spitze

Israel	🇮🇱	€ € € € € € € € 75 %
Kanada	🇨🇦	€ € € € € € € € 73 %
Luxemburg	🇱🇺	€ € € € € € € 63 %
Hongkong	🇭🇰	€ € € € € € 59 %
Neuseeland	🇳🇿	€ € € € € € 58 %
Deutschland	🇩🇪	€ € € € 36 %

Nachgefragt bei...

Amnon Nissim, 73, der eine Sammlung zum Matkot aufgebaut hat, dem inoffiziellen Nationalsport Israels

Zugeschlagen: Seit seinem sechsten Lebensjahr ist Amnon Nissim von Matkot fasziniert – und sammelt weiter

Sind Sie ein Schlägertyp?

„Nein, ich bin ein ganz Friedlicher, schon in meinen 24 Jahren in der Armee war ich in der Kaserne mittags lieber beim Matkotspielen auf dem Basketballfeld als beim Essen. Aber es kann schon vorkommen, dass beim Spiel jemand verletzt wird, der Ball ist ja der gleiche wie beim Squash, also ziemlich hart. Die Schläger gibt es aus allen möglichen Materialien. Der schwerste besteht aus Marmor, wiegt fünf Kilo und ist ein schönes Ausstellungsstück, aber eigentlich nicht zum Spielen geeignet. Dafür nehme ich nicht die ganz billigen aus Plastik für ein paar Schekel, sondern meistens mein Lieblingsgerät der Marke Schalom, das hält schon sieben Jahre lang. Die edelsten ‚Paddles' aus Karbon kosten so um die 1000 Schekel. Inzwischen schicken mir Leute Schläger mit Widmungen aus allen Städten der Welt. 350 Stück sind schon zusammengekommen, mein Apartment ist zum Museum geworden. Wenn ich nicht am Gordon Beach bin, zeige ich Ihnen gern die Sammlung. Kommen Sie einfach vorbei, Shabazi Street 61. Sie können es nicht übersehen, mein Fenster ist von 17 Schlägern eingerahmt, und neben der Klingel an der Haustür hängt auch einer."

Fotos: Alamode Film / Thimflim, PR (2), Wotys Verlag, Yadid Levy, Fotolia, Shutterstock
Infografik: The World Bank

Baba Ganoush

Zutaten für 4 Portionen: 750 g Auberginen,
1 Knoblauchzehe, Abrieb einer Biozitrone,
1 EL Zitronensaft, 3 EL Olivenöl, Salz, Pfeffer,
je 1 EL gehackte Petersilie und Minze, Pul Biber
oder Paprika, 1 Granatapfel

VORSPEISE. Granatäpfel sind wegen ihrer vielen Samen ein Symbol der Fruchtbarkeit und häufig als Motiv in der jüdischen Kunst zu finden – sowie äußerst dekorativ, erst recht auf einem optisch unscheinbaren Auberginenpüree. Die Auberginen im Ofen bei 200 Grad eine Stunde backen, dann die Grillschlange einschalten, bis die Haut schwarz wird. Das Fruchtfleisch herausschälen – dabei macht es nichts, wenn kleine Hautstückchen dranbleiben, das ergibt ein angenehm rauchiges Aroma. Fruchtfleisch mit Knoblauch pürieren, mit Zitronenschale und -saft, Öl, Salz und Pfeffer verrühren und eine Stunde ziehen lassen. Vor dem Servieren die Kräuter unterheben. Spätestens jetzt eine Schürze anziehen, die Kerne aus dem Granatapfel brechen (ihr Saft färbt stark) und mit ihnen sowie mit Pul Biber das Püree verzieren. Dazu passt gut Fladenbrot.

Mega, watt?

ENERGIE. Im sonnenverwöhnten Israel decken erneuerbare Energien derzeit nur 2,5 % des Bedarfs ab. Doch Besserung ist in Sicht: In der Negev-Wüste entsteht das Solarkraftwerk Ashalim, das drei verschiedene Techniken nutzt. So reflektieren 50 000 Spiegel Licht auf einen 250 m hohen Turm – den weltweit höchsten seiner Art. Dadurch entsteht Dampf, der eine Turbine antreibt, die wiederum Strom erzeugt. Ashalims Leistung von 121 Megawatt wird 120 000 Haushalte versorgen und Israels CO_2-Emissionen um 110 000 t pro Jahr reduzieren. Ein Lob den Technikern, die so fossile Brennstoffe in die Wüste schicken!

www.brightsourceenergy.com

Luftbrücke

LUFTFAHRT. Einen Guinness-Weltrekord hält die nationale Fluglinie El Al. 1991 evakuierte sie zusammen mit der Luftwaffe des Landes bei der „Operation Salomon" in 36 Stunden 14 324 äthiopische Juden (Falaschen) nach Israel. Diese waren vor dem Bürgerkrieg in dem afrikanischen Staat in die Hauptstadt Addis Abeba auf das Gelände der israelischen Botschaft geflüchtet. Beim Abflug eines Jumbos waren am 24. Mai 1086 Menschen an Bord, bei der Landung in Tel Aviv sogar 1088 – in der Luft waren zwei Babys zur Welt gekommen. Aus der Boeing 747 hatte man seinerzeit die Sitze ausgebaut, ihr Boden wurde mit Matratzen ausgelegt, um statt regulär 480 mehr als doppelt so viele Passagiere transportieren zu können. In der Not braucht es manchmal eben keinen Komfort.

Cool bleiben

WINTERSPORT. Zwischen 1600 und 2040 m hoch liegt das Hermon Ski Resort in den Golanhöhen. Es wird von israelischen Siedlern aus Neve Ativ betrieben, die zehn Lifte sind meist von Januar bis März in Betrieb. Die Hermon Ski School bietet Ski- und Snowboardkurse in Einzel- und Gruppenunterricht, in Hebräisch, Arabisch, Russisch und Englisch.

www.skihermon.co.il

Weiß statt heiß: Der Mount Hermon ist eine Alternative zu hohen Wüstentemperaturen

Bunt fürs Leben

EVENT. In Jerusalem wäre es schwer vorstellbar: eine riesige Parade mit mehreren Partys, auf der sich die queer Szene friedlich feiert, und das auch noch an einem Freitag. Doch die „Gay-Pride-Parade" in Tel Aviv hat Tradition und wird am 8. Juni 2018 schon zum 21. Mal stattfinden. Gilt doch die sehr weltliche Metropole am Mittelmeer als Gay Capital des Nahen Ostens. Das Event beginnt um 10 Uhr im Meir Park an der King George Street mit Musik- und Dragshows, bevor kunterbunte Festwagen, bestaunt von zuletzt 200 000 Menschen aus aller Welt, durch die Straßen zum Charles Clore Park am Meer rollen. Dort und am Strand geht das größte derartige Event Asiens mit Liveshows und an vielen mobilen Bars lustig weiter. Beim bescheidenen „Jerusalem-Pride" kommt es immer wieder zu wütenden Protesten von Seiten orthodoxer Juden und sogar zu körperlichen Angriffen – in Tel Aviv dagegen bleiben Intoleranz und Langeweile auf der Strecke.

www.gaytelavivguide.com

Zweifaltigkeit: Talmud, Bibel und Koran lehnen Homosexualität ab – die Stadt Tel Aviv hat damit kein Problem

2103 Mio. Euro　　　**2176 Mio. Euro**

Start-up-Nation.
Im ersten Halbjahr 2017 wurde in Israel fast so viel Risikokapital investiert wie in Deutschland. Dabei hat das Land nur gut ein Zehntel unserer Einwohnerzahl

Israel
8,4 Mio. Einwohner

Deutschland
82,5 Mio. Einwohner

Stoffwechsel

MODE. Samt und Seide sind Noa Raviv nicht genug. Sie setzt 3-D-Drucker und Laserschneidegeräte für Hightechgewebe genauso ein wie Nadel und Faden. Für ihre Arbeiten lässt sich die Designerin von Bildern inspirieren, die Computerabstürze und digitale Fehlfunktionen erzeugen. Damit hat sie es nicht nur auf die Seiten der „Vogue" und „Marie Claire" geschafft, sondern auch ins Bostoner Museum of Fine Arts. Die Kollektion „Hard Copy" ist von der Schönheit und Evolution klassischer griechischer Skulpturen beeinflusst.

Realisiert wurde sie in Zusammenarbeit mit den Ingenieuren des Unternehmens Stratasys. Die haben dabei gewaltig Druck gemacht. Dreidimensionalen natürlich.

www.noaraviv.com

Via Dolorosa: Karfreitagsprozession in Jerusalem – bei manchen Menschen geht die Identifikation mit Jesus aber zu weit

Körperwelten

PHÄNOMEN. Im falschen Körper zu stecken, dieses Gefühl befällt jährlich in Jerusalem ca. 100 Menschen. Ihre wahre Identität wird ihnen fremd, sie legen weiße Gewänder an, entwickeln religiöse Wahnvorstellungen und „werden" zu Jesus, Maria oder Joseph. Statt im Himmel finden sich schwere Fälle im Kfar Shaul Mental Health Center wieder, das auf die Behandlung des Syndroms spezialisiert ist. Ob Homer Simpson dort auch behandelt wurde, ist nicht bekannt – in Folge 457 der „Simpsons" hielt er sich in Jerusalem auf und fühlte sich als Messias.

Geritzt: Viele Gläubige sind überzeugt, dass die Klagemauer eine Abkürzung ihrer Gebete zu Gott ist

Zettel-Wirtschaft

RELIGION. So ganz können E-Mail und Social Media das analoge Briefeschreiben nicht verdrängen, auch nicht am Briefkasten Gottes. So wird die Klagemauer oft genannt, in deren Ritzen Menschen Zettel stecken, auf denen sie Wünsche oder Nachrichten an Gott formuliert haben. Damit für neue Gebete Platz ist, werden die Papierchen zweimal im Jahr, zu Passah und zum jüdischen Neujahrsfest Rosch Haschana, mit hölzernen Stöcken, die zuvor in ein rituelles Bad getaucht wurden, aus den Mauerritzen gekratzt und in Säcken gesammelt. Wegwerfen ist verboten – die Zettel werden auf dem Friedhof auf dem Ölberg begraben. Wer nicht nach Jerusalem fahren kann, schreibt an die Western Wall Heritage Foundation.

www.english.thekotel.org/kotel

Teenager-klamotte

FILM. Nein, es geht nicht wieder um Mode, sondern um Partys, Mädchen und die Jagd nach sexuellen Erlebnissen. Also um die Erfolgsformel von High-School-Komödien wie „American Pie" oder „Bad Teacher". Aber wer weiß schon, dass Israel und Deutschland in Teamarbeit seit 1978 zu diesem Genre Pionierarbeit geleistet haben? Der erste Film über die Erlebnisse dreier Jugendlicher im Tel Aviv der Fünfzigerjahre zog 40 % der Bevölkerung Israels ins Kino,

spielte das Vierfache der Produktionskosten ein und war für einen „Golden Globe" nominiert. Regisseur Boaz Davidson war an vier Fortsetzungen beteiligt, bevor das Eis dahingeschmolzen war.

Verkohlt

ERFINDUNG. Kein Scherz: Professor Amir Gross von der Universität Beer Scheva hat ein Verfahren entwickelt, mit dem er aus Geflügelkot eine Art Kohle herstellt. Die Exkremente von Truthähnen, Hühnern und anderem Geflügel könnten in Zukunft rund 10 % der Kohle bei der Stromherstellung ersetzen – Kot macht erfinderisch!

14.5.1948
David Ben Gurion
ruft in Tel Aviv den Staat Israel aus und wird dessen erster Ministerpräsident. Die Nachbarn erklären Israel den Krieg. Jordanien besetzt das Westjordanland und Ostjerusalem, Ägypten den Gazastreifen, Israel u. a. Westjerusalem (hellblaue Territorien in der rechten Karte unten).

Ein Kapitel für sich. *Am 14.5.2018 feiert der Staat Israel seinen 70. Geburtstag. Die Idee zu seiner Gründung existiert aber schon wesentlich länger – ein kurzer Überblick über die wichtigsten politischen Ereignisse seit 1896*

1949
Der Unabhängigkeitskrieg endet mit einem Waffenstillstand, allein in der Westbank halten sich mehr als 700 000 palästinensische Flüchtlinge auf.

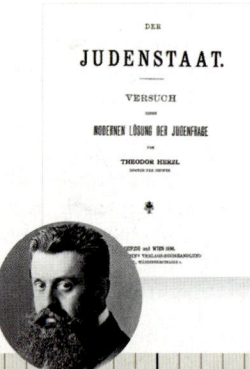

1910
Am See Genezareth wird als erster **Kibbuz Degania** gegründet. Heute existieren rund 270 dieser Pioniersiedlungen.

| | | | | | | |
|1890|1900|1910|1920|1930|1940|1950|

1896
Der österreichisch-ungarische Schriftsteller **Theodor Herzl** formuliert in „Der Judenstaat" die Überzeugung, dass ein jüdischer Staat geschaffen werden müsse, und begründet damit den Zionismus.

1917
Der britische Außenminister **Arthur Balfour** formuliert die Unterstützung seines Landes für die Schaffung einer jüdischen Heimstätte in Palästina.

1933
Nach der Machtübernahme Hitlers und während der Verfolgung durch die Nazis fliehen viele Juden nach Palästina.

1945
Am Ende des Zweiten Weltkriegs leben ca. 600 000 Juden in der Region.

1947
Die UN beschließen die **Aufteilung Palästinas** in einen jüdischen (blaue Gebiete in der linken Karte) und einen arabischen Staat, Jerusalem soll unter internationale Verwaltung gestellt werden.

1920
Der Völkerbund überträgt dem Vereinigten Königreich das Mandat über Palästina. Die Briten beschränken die **Einwanderung.**

UNO-Teilungsplan
1947

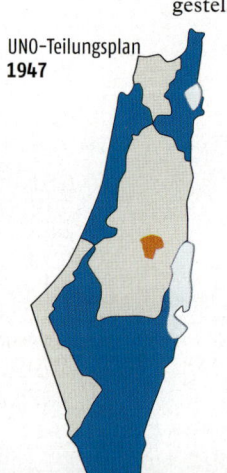

Waffenstillstand
1949

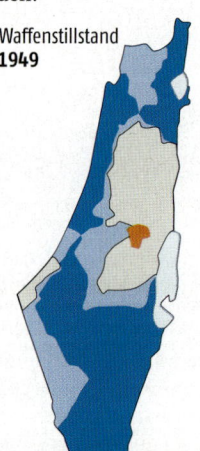

1978
Auf Vermittlung von **Jimmy Carter** schließen die Präsidenten Ägyptens und Israels – **Anwar al-Sadat** und **Menachem Begin** – in Camp David Frieden, danach räumt Israel bis 1982 den Sinai.

1995
Nach einer Friedenskundgebung erschießt ein rassistischer jüdischer Extremist Ministerpräsident **Yitzhak Rabin.**

2001
In Jerusalem dirigiert **Daniel Barenboim** die Berliner Staatskapelle – zum ersten Mal wird in Israel ein Stück des als Antisemit geltenden Richard Wagner aufgeführt.

1973
An **Jom Kippur,** dem höchsten jüdischen Feiertag, greifen Ägypten und Syrien an, werden aber bald zurückgeschlagen.

2012
Infolge der Siedlungspolitik gibt es etwa 250 Außenposten. Rund 350 000 Israelis leben in Siedlungen im Westjordanland, etwa 300 000 in und um Ostjerusalem und rund 20 000 auf den Golanhöhen.

1960
In Argentinien entführen Mossad-Agenten **Adolf Eichmann,** verantwortlich für 6 Mio. Holocaust-Tote. In Israel wird er vor ein Gericht gestellt und 1962 hingerichtet.

1980
Die Knesset proklamiert Großjerusalem zur „ewigen Hauptstadt Israels", die UNO erklärt dies für ungültig.

1987–1991 und **2000–2005**
Die erste und zweite **Intifada,** Aufstände der Palästinenser, fordern Tausende militärische und zivile Opfer auf beiden Seiten.

| 1960 | 1970 | 1980 | 1990 | 2000 | 2010 | 2020 |

1967
Nach der erneuten Blockade der Straße von Tiran bricht der **Sechstagekrieg** aus, in dem Israel das Westjordanland, Ostjerusalem, den Gazastreifen, den Sinai und die Golanhöhen besetzt. Der Weltsicherheitsrat fordert den Rückzug der Truppen.

1999
Eine Araberin, **Rana Raslan,** wird zur Miss Israel gewählt.

2017
Donald Trump erkennt Jerusalem als offizielle Hauptstadt Israels an und löst in der arabischen Welt eine Protestwelle aus. Die Europäische Union beharrt auf einer Zwei-Staaten-Lösung mit Jerusalem als Hauptstadt beider Seiten.

2003
Um weitere Selbstmordanschläge zu verhindern, beginnt Israel mit dem Bau einer **Sperrmauer** zum Westjordanland, aktuell ist sie mehr als 750 km lang.

1993
Jassir Arafat, Yitzhak Rabin und **Bill Clinton** unterzeichnen das Gaza-Jericho-Abkommen, das zu weitgehender Selbstverwaltung der palästinensischen Autonomiegebiete führt. Im Jahr darauf erhalten Arafat, Rabin und Israels Außenminister Peres gemeinsam den Friedensnobelpreis.

1956
Ägyptens **Präsident Nasser** sperrt Israels Meereszugang im Süden, israelische Truppen marschieren in Gaza und im Sinai ein, müssen aber auf Druck der UN die besetzten Gebiete räumen.

2003
Juval Roth gründet „Road to Recovery", deren 400 Freiwillige kranke palästinensische Kinder von den Checkpoints in israelische Krankenhäuser und zurück transportieren.

Max Scharnigg, 1980 in München geboren, schreibt für die Süddeutsche Zeitung und das Magazin der Süddeutschen. Zuvor war er als Autor u. a. für AD, Merian, Harper's Bazaar und Nido tätig. Mit „Hotel Fatal" verfasste er ein Reisebuch, das 2010 erschien. Sein Roman „Die Besteigung der Eigernordwand unter einer Treppe" wurde für den Ingeborg-Bachmann-Preis nominiert

Vertraute Fremde

Mit Israel geht es mir ein bisschen wie mit dem Film „Titanic". Der ist so präsent, ständig wird darüber geredet, und man kennt die wichtigen Szenen längst auswendig. Deshalb habe ich irgendwann vergessen, dass ich „Titanic" eigentlich nie richtig gesehen habe, der Film ist für mich sozusagen ein Placebo-Erlebnis.

Ich war auch noch nie in Israel, aber ich habe das deutliche Gefühl, ich wäre schon mal da gewesen. Das Land ist ja beinah in jeder Nachrichtensendung meines bisherigen Lebens vorgekommen, und wie es scheint, wird sich das auch nicht so schnell ändern. Außerdem habe ich jedes Kishon-Buch zweimal gelesen, und der hat wirklich viel über sein Land geschrieben. Es ist also wie ein alter Bekannter – den ich noch nie gesehen habe.

Trotzdem habe ich neulich Post aus Israel bekommen, ein sehr ordentlich verschnürtes Paket, zusammen mit einer Nachricht in hebräischer Schrift. In dem Paket waren Schuhe. Ausgesprochen schöne, handgemachte, braune Lederschuhe, schnörkellos und schlicht. Schuhe, die einfach so aussehen, wie ein Kind sie malen würde. Jahrelang habe ich solche Schuhe gesucht, gefunden habe ich sie schließlich in Tel Aviv. Gemacht hat sie dort eine junge Frau in einer kleinen Schuhwerkstatt, die einst von ihrem Vater eingerichtet worden war. Dort näht sie heute zusammen mit ihrem Mann Schuhe, einen nach dem anderen, und verschickt sie in die ganze Welt.

Mein Weg bis in dieses kleine Geschäft führte über Etsy, eine große Plattform im Netz, auf der Selbermacher und Kreative aus der ganzen Welt ihre Produkte anbieten. Und Etsy wurde auch in den Wochen danach sozusagen mein virtuelles Reisebüro für Israel. Denn die Schuhmacher waren nur ein Tentakel eines ganzen Kreativnetzwerks, das sich da zwischen Tel Aviv und Haifa auftat. Zarte Keramik, Filzkörbe, coole Kleidung, Hüte, Holzspielzeug – plötzlich wimmelte es auf meiner Favoritenliste von Manufakturen in Israel. Allen diesen Anbietern gemein: guter Geschmack, Freude am Handwerk, Tradition küsst Moderne. Ich hatte keine Ahnung, dass die jungen Israelis offenbar eine heftige Neigung zu Handwerk und Do-it-yourself-Kultur haben und dabei einen Hipster-Style pflegen, der sich locker mit dem in Brooklyn und Berlin messen kann. Woher sollte ich das auch wissen? So was hat die Tagesschau nie vermeldet. Dabei wären das ja wirklich mal gute Nachrichten gewesen.

Manchmal kann die seelenlose digitalisierte Welt eben auch ganz analoge Impulse setzen. Jedenfalls haben mich das Päckchen mit der netten Botschaft, die wunderbaren Schuhe und die vielen Stücke, die jetzt noch auf meiner Wunschliste stehen, wieder daran erinnert, dass ich Israel eigentlich gar nicht kenne – und durchaus die Chance besteht, dass ich bisher ein ganz falsches Bild von diesem kleinen Land hatte. Das muss geändert werden: Ich habe Lust bekommen, nicht nur mit dem Mauszeiger, sondern tatsächlich hinzufahren und mir die kleine Krippe anzusehen, in der meine Schuhe geboren worden sind. Und irgendwann danach schaue ich mir auch „Titanic" an. Versprochen! ———

Zahlreiche UNESCO-Weltkulturerbestätten entlang der Seidenstraße

Zauber der Seidenstraße

Usbekistan Rundreise

Begleiten Sie uns auf eine Reise entlang der ältesten Handelsroute der Welt – der Seidenstraße. Schon die europäisch, orientalische Atmosphäre Usbekistans wird Sie verzaubern und in ihren Bann ziehen!

Ihr Reiseverlauf

1. Tag: Anreise Flug nach Taschkent.

2. Tag: Taschkent – Samarkand Stadtbesichtigung durch die usbekische Hauptstadt. Sie besichtigen die orientalische Altstadt mit der Medrese Barak Khan und einer alten Bibliothek. Anschließend erwartet Sie ein Besuch des Museums für Angewandte Kunst. Während einer anschließenden Metro-Fahrt auf der einzigen Metro in ganz Mittelasien erwarten Sie weitere Highlights der Stadt. Es folgt die Besichtigung des modernen Teils der Hauptstadt. Dabei sehen Sie u. a. den Alayski Bazar, den Unabhängigkeitsplatz und das Navoi-Theater. Transfer zum Bahnhof und Zugfahrt mit dem Schnellzug nach Samarkand. **F/A**

3. Tag: Samarkand Während einer Stadtbesichtigung in einer der ältesten Städte der Welt entdecken Sie die Hauptsehenswürdigkeiten. Anschließend erleben Sie, wie das traditionelle usbekische Brot gebacken wird. **F/A**

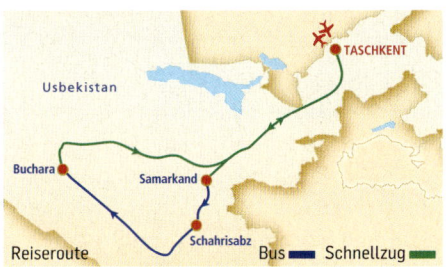

4. Tag: Samarkand Während einer weiteren Stadtbesichtigung entdecken Sie die Bibi-Khanum-Moschee und den farbenfrohen Basar. Anschließend erfolgt das Highlight mit dem Besuch des Wahrzeichens Usbekistans – dem Registan-Platz! Der Anblick von türkisblauen Kuppeln wie in einem orientalischen Märchen wird Sie beeindrucken. Es folgt der Besuch des Gur Emir-Mausoleums und einer Papiermanufaktur. Der gelungene Abschluss des Tages ist ein traditionelles Abendessen bei einer usbekischen Familie. **F/A**

5. Tag: Samarkand – Schahrisabz – Buchara Weiterfahrt nach Shahrisabz. Dort angekommen, besichtigen Sie die Ruinen des Ak Sarai Palastes, die Moschee Kok Gumbaz und das Mausoleum Dorus Saodat. **F/A**

6. Tag: Buchara Während einer ausführlichen Stadtbesichtigung in der Oasenstadt Buchara entdecken Sie die Ark-Festung, die Bolo Hauz-Moschee und den Komplex Poikalon. Anschließend sehen Sie den Komplex Labi-Hauz und die Marktkuppelbauten mit den drei Handelszentren. Später erwartet Sie eine Folklore- und Fashionshow in der Medrese Nodir Devon Begi (wetterbedingt). **F/A**

7. Tag: Buchara – Taschkent Bei einer weiteren Stadtbesichtigung sehen Sie das Chaschma Ayub-Mausoleum mit Kegeldach und mehreren Kuppeln, das Samaniden-Mausoleum sowie das jüdische Viertel mit der Synagoge. Danach entdecken Sie das Haus des Kaufmanns Chodschajew und die Chor-Minor-Moschee im indischen Stil. Am Mittag Transfer zum Bahnhof und Zugfahrt nach Taschkent. Abends Abschiedessen. **F/A**

8. Tag: Abreise Transfer zum Flughafen und Rückflug nach Frankfurt. **F**

TASCHKENT

Usbekistan

Buchara   Samarkand

Schahrisabz

Reiseroute   Bus   Schnellzug

Lebendig:
Vom Toten Meer und
der schroffen Bergkulisse
fährt ein Egged-Bus
Richtung Norden

Auf ganzer Linie

Israel lässt sich auch mit Linienbussen bereisen.
Ohne Minibar, Bord-WC und Multimedia-Bespaßung. Dafür
authentisch, nah an der Natur und an den Menschen

TEXT: Matthias Maus
FOTOS: Yadid Levy

Leucht-Turm: Der Schrein des Bab, des Propheten der Bahai-Religion, liegt in einer imposanten Anlage am Karmelberg in Haifa

Reise-Begleiter: Autor Matthias Maus (l.) mit Sitznachbar. Ganz rechts: Eine Haltestelle

Balljungen: Auf dem Markt von Akko treffen alle orientalischen Einflüsse aufeinander. Die jungen Sportler interessieren sich gerade weniger für Gewürze, Kräuter und Blechpfannen

Freier Fall: Mehr als zehn Meter stürzt das Wasser im Banyas-Naturreservat in einen grünen Pool. Im eher trockenen und kargen Land ist derart üppige Natur ein seltener Anblick

Aufsteiger: Die aufgehende Sonne bescheint
das Tote Meer und die Ruinen von Masada,
das Symbol jüdischen Widerstandsgeistes

Fast unmerklich dreht der Fahrer den Kopf leicht nach rechts. Anderthalb Stunden hat er geradeaus geschaut, auf den Verkehr, auf die wellige Straße durch die Wüste, in das kupferfarbene Licht. Er hat seinen Job gemacht. Aber jetzt fällt ihm das Staunen des Passagiers hinter ihm doch auf: „Nice?" – „Schön hier?", fragt er lächelnd, und er kennt die Antwort: „Und wie!"

Die kahlen Bergflanken wechseln jede Minute ihre Farbe, von Gelb zu Apricot, von Curry zu Ocker. Flirrende Luft steht in Klüften und Rinnen, die geformt wurden von lang versiegten Strömen. Erosion hat die Hügelkuppen rechts und links der Straße akkurat auf eine Höhe gekappt, Gesteinsarten präsentieren sich geschichtet wie Cremes in einer Torte. Und unten liegt das Tote Meer, unberührt, eine türkise Glasplatte, gut 400 Meter unter dem Meeresspiegel. Der tiefste Punkt der Erde, ein Höhepunkt auf einer spektakulären Reise.

Jeder Ort in Israel, jede Sehenswürdigkeit, jeder Kibbuz ist mit öffentlichen Verkehrsmitteln erreichbar. Das ist die These und Ausgangspunkt des Plans, das Land per Bus zu erfahren. Mit Egged, mit Nateev Express und mit Metropoline, den ganz normalen Linienbussen. So kommt man den Menschen nah. So erfährt man, was sie bewegt. Das ist die Idee, und es ist eine gute.

Verwirrspiel: Der architektonisch ausgefallene Busbahnhof von Tel Aviv

Tel Aviv — Akko

LINIEN — 910 271 51 —

Begonnen hat die Busreise Tage zuvor, im Tachanat Merkazit, einem der skurrilsten Gebäude von Tel Aviv. Der zentrale Busbahnhof ist das Werk des Architekten Ram Karmi, der gar nicht erst vorgab, seiner Klientel das Leben leicht machen zu wollen. Die Passagiere sollten durch seltsam angeordnete Gänge, Rampen und Rolltreppen nur auf Umwegen ans Ziel kommen. Beim ersten Besuch klappt das Verwirrspiel ganz gut. Man betritt das Gebäude ebenerdig – und ist doch im vierten Stock. Das Tiefgeschoss ist im dritten, georgische Einwanderer und Filipinos haben hier ihre Billigläden; die Geschosse eins und zwei sind mangels Bedarf geschlossen. Die Busse verlassen den Bahnhof in den beiden obersten Etagen. Fahren sie über die Rampen auf die Ausfallstraßen, beben die Böden unter den Kiosken. „Nach Akko? In Haifa umsteigen, Bus Nr. 910, in zehn Minuten."

Akko, die historische Kreuzfahrerstadt im Norden, ist das erste Ziel des Roadtrips. Tickets gibt's beim Fahrer. Mit dreimaligem Umsteigen bis zum Tor in der Stadtmauer dauert die Fahrt zweieinhalb Stunden. Die Distanzen sind kurz in Israel, die Fahrzeiten überschaubar. Kompakt und konzentriert sind die Kontraste: rechts der Schnellstraße Bananenplantagen, links Israels Hightechzentren. Hier wird an künstlicher Intelligenz gebastelt, dort Landwirtschaft betrieben. Und wenige Kilometer weiter nördlich warten die unterirdische Kreuzfahrerstadt und die Basare im Labyrinth der Altstadt von Akko.

Im Bus erzählt meine Sitznachbarin Shira Ben-Zion von ihrem Wehrdienst. Zwei Jahre dauert er für junge Israelinnen, für die Männer sind es drei. „So tue ich was für mein Land", sagt sie. Shira kommt von einer Fortbildung, sie trainiert Soldaten in Fitness und sagt zum Abschied: „Im Zug wärst du schneller gewesen."

Sie hat ja recht. Aber was sind ein paar Minuten Zeitgewinn, wenn man auch so rechtzeitig zum Auftritt von Ahmad kommt. In Akko springt er zwölf Meter tief von der historischen Hafenmauer ins Mittelmeer, wie bestellt. Danach geht's zum Aperitif ins Efendi-Hotel mit Blick über Minarette und Kirchtürme. Man schlendert durch die milde Brise, die vom Meer durch die mittelalterlichen Schießscharten weht, während um den Leuchtturm die Lichter der Restaurants angehen.

Akko — Banyas

LINIEN — 176 37 —

„Wir lassen uns einfach mal treiben", sagt Inbar. Auch die Nacht zuvor haben er, Rotem und Michail wieder unter freiem Himmel verbracht. Sie machen Campingurlaub – ohne Zelt. Mit dem Bus sind sie in aller Frühe nach Banyas gefahren. Das Heiligtum des Pan, der hier mal verehrt wurde, findet sich noch im Namen des Naturreservats in den grünen Hügeln des Golan. Eine von drei Quellen des Jordan entspringt hier. Ein imposanter Wasserfall zieht Scharen an, an diesem Morgen aber tost er noch einsam vor sich hin. Echte Lorbeerbäume, hängende Platanen und mächtige Ficusbäume, die mit den traurigen deutschen Zimmerpflanzen nur den Namen teilen, säumen den Weg zu den Banyas Falls. Auf zwei Metern Breite stürzt das Wasser in einen jadegrünen Pool. Ein Fächer aus Blättern bewegt sich über dem Bach, obwohl sich kein Lüftchen regt. Man kann schon auf Ideen kommen …

Viel wird nicht übrig bleiben von dem Fluss. Israelische Bewässerungsprojekte saugen den Jordan immer mehr aus, die Palästinenser beklagen den Wassermangel. Wasser wird auch in Zukunft für Spannungen sorgen. Die Auseinandersetzungen der Vergangenheit bezeugen Schilder, die vor dem Verlassen der Wege warnen: „Mine Area – do not enter!" Vermint ist das Gelände auch noch fünf Jahrzehnte nach dem Ende des Sechstagekriegs. ⟶

Reise-Begleiter: Shira fährt zu ihrer Einheit. Ganz rechts: Ira lenkt seit elf Jahren Busse

Sprunghaft: Der Einheimische Ahmad hüpft in Akko von der alten Hafenmauer ins Meer (oben links). Andere Bewohner genießen in Akko die Abendsonne (oben)

Pfadfinder: Die drei Rucksacktouristen Rotem, Michail und Inbar (von links) sind im Banyas-Naturreservat am Fuß des Hermon unterwegs

Reise-Begleiter: Der Autor beim Einstieg (ganz links).
Dave fährt täglich zum Golfplatz (links)

Bis 1967 gehörten die Golanhöhen zum Syrien von Assads Vater. Israel hält das Gebiet seit dem Sieg im Sechstagekrieg besetzt. Rotem, Michail und Inbar, die Freiluftcamper mit dem offenen Gesicht, werden ihr Land demnächst verteidigen. „Die Tour ist unser letzter Ausflug vor der Armee", sagt Rotem. Er kommt zu den Aufklärern. Seine Freunde zur Infanterie.

Banyas Kirjat Schmona Safed Akko Haifa
LINIEN 36 361 176 371

Südlich der Grenze zum Libanon schlängelt sich die Route durch die Hügel. Nichts ist zu spüren von der Bedrohung im Norden. Jenseits der Grenze hat die Hisbollah, der verlängerte Arm der iranischen Revolutionsgarden, ihre Waffen auf Israel gerichtet. Erstaunlich, wie mühelos man Spannungen verdrängen kann, bemerkenswert die heitere Stimmung im Bus. Für die sorgen arabische Mädchen. Lächelnd reicht eines Karamellbonbons weiter. Der Tourist nimmt gerührt an. Es könnte alles so einfach sein – ist es aber nicht.

Auch Haifa ist keine Stadt, die es dem Besucher leicht macht. Als größter Hafen des Landes hat sie eher den Ruf einer Werkbank, auch wenn die Bahai mit ihrem Schrein hier ein monumentales Zeugnis ihrer Spiritualität hinterlassen haben. Im 19. Jahrhundert war die Stadt Magnet für deutsche Templer, deren Häuser liebevoll restauriert wurden. Man braucht Ausdauer, um die Schönheiten zu erkunden. Gefühlte tausend Stufen führen vom Meer den Karmelberg hinauf in die Stadt: zu den Gärten des Bahaischreins, durch das Araberviertel Wadi Nisnas, zu Bildern eigenwilliger Schönheit. Auf dem Gelände des Nationalen Technikmuseums steht ein Kampfjet als Denkmal. In den Ansaugrohren des Triebwerks nisten Tauben. „Ich mag die Stadt", sagt Siwar etwas weiter im Doobie-Café. Sie ist Araberin, trägt einen bunten Rock, Nasenschmuck, Tattoos. Hier in der Masada Street ist die Alternativszene daheim. Und: „Es ist nicht so überlaufen wie in Tel Aviv." Haifa entfaltet

Haifa-Hipster: Siwar, ihr Hund und zwei Freunde aus dem Doobie-Café schätzen die überschaubare Alternativszene in der Hafenstadt

seinen Charme oft erst auf den zweiten Blick. Beim Gang durch die Gassen strömt der Duft von Geißblatt in die Nase. Hinter eher schmucklosen Hotelburgen warten gepflegteste Strände, am Karmelberg kann man wandern – und alles ist ganz nah.

Landwärts. Die Stadt Tel Aviv empfiehlt sich als Startpunkt für eindrucksvolle Bustouren in Israel

LIBANON
Banyas
Akko
Haifa
SYRIEN
Caesarea
Mittelmeer
JORDANIEN
Tel Aviv
Jerusalem
Totes Meer
Masada
ÄGYPTEN

Haifa Caesarea Tel Aviv
LINIEN 222 76 828

„Ja, früher", erklärt Dave, „früher kam man hier im Bus leicht ins Gespräch." Aber heute, „mit Computer, Youtube und so, da ist jeder mit sich selbst beschäftigt". Täglich fährt er die Strecke von Tel Aviv zum Caesarea Country Club, wo er Golflehrer ist. „Ich habe gern meine Ruhe. Drei kleine Kinder daheim, verstehst du …" In Israel lebt der 66-Jährige sein zweites Leben, in Kalifornien hat er erwachsene Söhne: „Ich werde bezahlt für mein Hobby – und wie schön es hier ist!"

Sein grüner Arbeitsplatz liegt um die Ecke von Caesarea, einem der imposantesten antiken Monumente des Landes. Wo einst Herodes residierte und im Hippodrom Wagenrennen veranstaltete, wetteifern heute Touristengruppen um die besten Plätze. Im Amphitheater erläutert ein Prediger einem US-Publikum seine Sicht des Christentums. Der Event-Rummel kann die Aura des Ortes nicht zerstören. Die Steine, die korinthischen Säulen, die Mosaiken haben schon ganz anderes ertra-

Haltegebot: Bus und Kamel machen beim Toten Meer eine Pause. Oben: Römischer Aquädukt bei Caesarea

Die Höhe: Die Festung von Masada liegt hier noch zehn Meter unter Meeresniveau

gen. Bis heute beflügeln sie die Fantasie. „Ja, das ist schon beeindruckend", sagt Dave zum Abschied: „Aber ihr müsst noch nach Masada, das ist etwas ganz Besonderes."

Tel Aviv	Jerusalem			Masada
LINIEN	405	444	486	

Raus aus Jerusalem, der Stadt, in der jeder Baukran eine Sitzung der Uno auslösen kann. Im Westjordanland geht es bergab, wenige Kilometer hinter der Stadtgrenze ein dicker, horizontaler Strich an einer Bergflanke. „Sea Level", Seehöhe, steht da, und es geht immer weiter nach unten.

Der Bus hält nicht in Jericho. Die tiefstgelegene Stadt der Welt liegt in der palästinensischen Westbank, hier wäre der israelische Bus eine Provokation, er macht nur einen Stopp in Vered Jericho, einer Siedlung. Der Kontrast zwischen ärmlichen arabischen Dörfern und israelischen Siedlungen mit grünen Vorgärten hinter Stacheldrahtzäunen ist markant. Die ungelösten Fragen des Nahostkonflikts sind nicht nur am Tempelberg plastisch zu erleben. Derzeit ist alles friedlich, die schwer bewaffneten Soldatinnen an den Eingängen der Siedlungen grüßen. Die Tagespolitik kann das ändern – jederzeit.

Unveränderlich ist der Mythos Masada. Um 8.15 Uhr kommt der erste Linienbus aus Jerusalem, die Sonne ist längst aufgegangen über der Wüste. Man sollte da schon oben sein, die 40 Minuten Aufstieg über den „Schlangenpfad" hinter sich haben und froh sein, dass man kein römischer Soldat war, der hier einst versuchen musste, die Belagerung zu durchbrechen. Erst vier Jahre nach dem Fall Jerusalems schafften es die Römer, Masada einzunehmen. Als die Lage aussichtslos war, da beschlossen die Verteidiger, lieber in den Tod zu gehen als in die Sklaverei. Dieser Selbstbehauptungswille ist in Israel mythisch überhöht. „Nie wieder darf Masada fallen", heißt es sinngemäß im Eid der israelischen Rekruten.

Heute kommen die Eroberer in friedlicher Absicht, wie Debbie und Marissa aus Toronto. Zum zweiten Mal sind sie in Israel, wieder sind sie im Bus unterwegs. „Es hat sich so viel geändert in dem Land, und es könnte sich noch so viel ändern", sagt Debbie: „Nur hier oben, das hier, das kann man nicht verbessern." ——

→ Info Bustour ab Seite 38

Auf Ideallinie. *Versteckte Tipps und großeAttraktionen: Jeder Winkel des Landes ist schnell und unkompliziert mit öffentlichen Bussen zu erreichen*

01

02

LINIENBUSSE

Die 4000 Busse von Egged sowie Nateev Express und Metropoline befahren das extrem dichte Liniennetz im ganzen Land. Die Fahrpreise sind reguliert und günstig (z. B. Tel Aviv–Jerusalem 21,50 NIS, also rund 5€). Tickets gibt es grundsätzlich beim Fahrer. Ausnahme: Touren nach Eilat können auch im Busbahnhof von Tel Aviv reserviert werden. Die Fahrpläne hängen an den Haltestellen aus, oft aber nur auf Hebräisch. Zuverlässiger, bequemer und einfach zu bedienen ist die App. *www.bus.co.il*

ANSCHAUEN

Tachana Merkazit
Der Zentrale Busbahnhof im Süden von Tel Aviv ist der zweitgrößte der Welt. Das Betongebäude mit sieben Geschossen ist architektonisch ambitioniert – und gilt als Fehlkonstruktion. Die Busse fahren von den obersten beiden Etagen, die Infostände sind im dritten Stock. *Tel Aviv, Levinsky Rd., Ecke Tsernach / David Rd. (D 3)* *

Akko
Pharao Ramses II. war hier, Napoleon, Cäsar und Kaiser Friedrich II. auch. Akko ist mit seiner Geschichte bis

heute eine höchst lebendige Stadt. Der Türkische Basar, mehrere christliche und maronitische Kirchen sind einen Besuch wert, die größte Moschee, Ahmed Jazzar, und besonders die unterirdische Kreuzfahrerstadt: Mehr als 100 Jahre, bis zum 13. Jahrhundert, war sie Zentrum des Hospitaliterordens. Säle, mächtige Gewölbe und geheime Gänge vermitteln den Eindruck einer Festung unter ständiger Belagerung. *24124 Akko El Jazzar St. 2 Tel. +972 (0) 1 / 700 70 80 20 Geöffnet Sa.–Do. u. Feiertage 8.30–18, Fr. 8.30–17 Uhr, im Winter 1 Stunde früher. Kombiticket für Kreuzfahrer-Zitadelle, Okashi-Museum, Templer-Tunnel, Museum „Schätze in der Mauer" und Türkisches Bad: 62 NIS www.akko.org.il/en/ (B 4) Anfahrt: Kleinbus Sherut Nr. 51, vom Busbahnhof Akko in die histor. Altstadt (5 NIS)*

Banyas
Das Naturschauspiel des Wasserfalls, der sich in einen Pool mit üppiger Vegetation ergießt, und der Wanderweg zur Kaskade, teilweise frei schwebend über einen Bohlenweg, sind ein Kontrast zur kargen Landschaft, der man in Israel häufig begegnet. Der 1,5-stündige Rundweg ist leicht begehbar und lohnend. *12251 Banyas Hermon Stream Park*

Tel. +972 (0) 4 / 69 02 57 Geöffnet Sa.–Do. 8–17, Fr. 8–16 Uhr. Eintritt: 28 NIS www.parks.org.il/sites/english (A 5) Anfahrt: von Kirjat Schmona mit Egged Bus Nr. 37, Richtung Golan, bis Hagalil Haelyon-Snir Intersection 99

Haifa
Die Hafenmetropole am Berg Karmel gilt als Industriestadt, ist aber auch für Touristen etwas Besonderes. Das Heiligtum des Bahaischreins ist ein wichtiger Anziehungspunkt. Die Gartenanlagen am Hang des Karmelbergs

mit Blick über die Bucht sind sehenswert. Lohnend ist auch der Spaziergang durch die „German Colony" mit den von Deutschen gebauten Häusern aus dem 19. Jh., ebenso wie der Besuch des arabischen Viertels Wadi Nisnas. Im Westen der Stadt finden sich schöne Strände. *Bahaischrein, innere Gärten geöff. tgl. außer Di. 9–12, äußere Gärten 9–17 Uhr Eintritt: 28 NIS https://ganbahai.org.il/en/ (B 3) Anfahrt: Von der Haifa Central Bus Station fährt der Metrobus an der Küstenstraße um das*

*Die Koordinaten beziehen sich auf die Übersichtskarte Seite 142

03

04

01 **Kunst:** Im Busbahnhof von Tel Aviv verewigen sich Wandmaler

02 **Können:** Überreste des römischen Aquädukts bei Caesarea

03 **Kult:** Minarett und Kuppel der Moschee Ahmed Jazzar in Akko

04 **Kultur:** Das liebevoll restaurierte Efendi Hotel in Akko

Karmelgebirge bis an die Strände im Westen (5,90 NIS). Ab September 2018 soll auch die Karmelit, Zahnrad- und zugleich Israels einzige U-Bahn, wieder vom Meer aus auf den Karmelberg fahren. Die Bahn ist seit einem Brand im Februar 2017 geschlossen

Caesarea
In den Dünen nördlich von Tel Aviv baute König Herodes eine Stadt mit Amphitheater, Palast und Hafen. Pontius Pilatus residierte dort, der Apostel Paulus war hier Gefangener. Griechen, Byzantiner und Kreuzfahrer hinterließen Spuren, der Caesarea-Nationalpark ist eine der imposantesten antiken Sehenswürdigkeiten des Landes. Tipp: geführte Tauchgänge zu den Unterwasseranlagen des antiken Hafens, auch ohne Tauchschein – eine Erklärung über den Gesundheitszustand genügt.
30889 Caesarea National Park
Tel. +972 (0) 4 / 626 70 80
Geöffnet Mai–August So.–Do. u. Sa. 8–18, Fr. 8–16 Uhr, Sept.–Okt. 1 Stunde früher, Nov.–April 2 Stunden früher geschlossen
Eintritt: 39 NIS
Tauchgänge ab 180 NIS / Pers.

Reservierung:
Tel. +972 (0) 4 / 626 58 98
www.caesarea-diving.com,
www.parks.org.il/sites/English
(C 3)
Anfahrt: Busse aus Haifa und Tel Aviv nach Hadera. Ab Hadera Linie 76 Richtung Sdot Yam nach Caesarea. Von der Bahnstation Pardes Hana Karkur Bus Nr. 80

Masada
Ob mit der Seilbahn vom Toten Meer oder über den „Schlangenpfad" zu Fuß: Der Blick über die Wüste ist atemberaubend. In der ehemaligen Festung trotzten jüdische Verteidiger den Römern zwei Jahre, bevor sie 74 n. Chr. den kollektiven Selbstmord der Sklaverei vorzogen. Heute bleiben Zeugnisse von Palästen, Badehäusern und Zisternen.
Masada National Park
Tel. +972 (0) 8 / 658 42 07 / 8
Geöffnet 8–17 (Sommer), 8–16 Uhr (Winter). Schlangenpfad geöffnet 1 Stunde vor Sonnenaufgang. Eintritt: 28 NIS Bergbahn: Berg- und Talfahrt 47 NIS, einfach 28 NIS
www.parks.org.il/sites/English
(F 5)
Anfahrt: Der Bus 486 fährt von Jerusalem nach Masada zur Talstation der Bergbahn

ÜBERNACHTEN

Akko
Efendi Hotel
Auch wenn man wegen des gehobenen Preises auf die Übernachtung in diesem Boutiquehotel verzichtet: Ein Blick von der Dachterrasse des ehemaligen osmanischen Palastes ist allemal einen Ausflug wert. Hier das Mittelmeer, da die jahr-

hundertealte Altstadt von Akko! Von der Lobby bis zu den Zimmern ist alles sehr geschmack- und stilvoll restauriert und eingerichtet.
24124 Old Acre
Louis XI. St., P.O.B 2503
Tel. +972 (0) 7 / 47 29 97 99
12 Zimmer: DZ ab 1125 NIS
(B 4) www.efendi-hotel.com

Banyas
Hagoshrim Hotel & Nature
Inmitten einer sattgrünen Hügellandschaft am kleinen Ha-Koren-See liegt dieses luxuriöse Resort mit Restaurants, Bars, Garten und Spa. Die weitläufige Anlage in den Golanhöhen mit den gepflegten Gartenwegen und Beeten erinnert an ein hübsches Dorf. Freundlicher Service, üppigstes Frühstücksbüfett.
12225 Kibbuz Hagoshrim
Mobile Post Office
Upper Galilee
Tel. +972 (0) 4 / 681 60 01
151 Zimmer, 33 Suiten:
DZ ab 788 NIS (A 5)
www.hagoshrim-hotel.co.il

Haifa
Leonardo Plaza
Eine Betonburg – klar. Aber was zählt, sind die inneren Werte. Und der Blick von der Leonardo Plaza auf das Karmelgebirge oder die gepflegten Strände und das Meer vor der Haustür entschädigen für Äußerlichkeiten. Restaurants, Bars, Fitnesscenter und Swimmingpool stehen für alle zur Verfügung, die es nicht ins Meer zieht.
3508107 Haifa
David Elazar St. 10
Tel. +972 (0) 4 / 850 88 88
Mehr als 200 Zimmer und Suiten: DZ ab 548 NIS
(B 3) www.leonardo-hotels.com

→

01

Caesarea
Helena
Man weiß gar nicht, wohin man von diesem Logenplatz auf dem Balkon zuerst blicken soll: auf das Meer, die antiken Hafenanlagen oder auf die kleinen Kunstwerke auf dem Teller? Im Helena sorgen die beiden Chefs Amos Sion und Ori Yarmias für kulinarische Highlights. Ihre Küche nennen sie israelisch-mediterran. Empfehlung: das Fisch-Carpaccio mit lokalem Olivenöl und Arak-Sorbet (68 NIS).
30889 Caesarea National Park
Tel. +972 (0)4/610 10 18
Geöffnet tgl. 12–23 Uhr
Eintritt: 14 NIS
(C 3)
www.hellena.co.il

Beer Scheva
Eisdiele Glida
Im heißen Wüstensommer von Beer Scheva bilden sich vor der Theke dieser Eisdiele lange Schlangen. Der Laden wurde 1950 eröffnet, an den Wänden hängen historische Fotos und ein Porträt der Gründerin. Deren Enkel setzt die Tradition fort, nur koschere, natürliche und frische Zutaten zu verarbeiten. Damit ist er so erfolgreich, dass es schon sieben Filialen in der Stadt und zwölf über Israel verteilt gibt.
84001 Beer Scheva
Hadassah St. 50
Tel. +972 (0)8/627 70 72
Geöffnet So.–Do. 9–24
oder bis zum letzten Kunden,
Fr. 6 Uhr bis 1 Stunde vor
Beginn des Sabbats,
Sa. 10–24 oder bis zum
letzten Kunden
(F 4)
—

Beer Scheva
Leonardo
Für den Rückweg nach Tel Aviv bietet sich als Alternative die Route über Beer Scheva an, Hauptstadt der Negevwüste. Das zwölfstöckige Leonardo ist etwas in die Jahre gekommen und könnte eine Modernisierung gut vertragen, aber die Lage im Zentrum, die kostenlosen Parkplätze und das ausladende Frühstücksbüfett gleichen das aus.
84001 Beer Scheva
Henrietta Szold St. 4
Tel. +972 (0)8/640 54 44
254 Zimmer: DZ ab 526 NIS,
inkl. Frühstück
(F 4)
www.leonardo-hotels.com

GENIESSEN

Akko
Savida
Junge Leute kochen und braten, was der Fischer unten im Hafen vom Fang hergibt. Am Rande der Altstadt servieren sie den Tagesfisch im kleinen Gastraum oder im Gärtchen

02

03

01 Cool: Das Fattoush ist eine gute Adresse fürs Frühstück

02 Kalt: Das Eis im Glida in Beer Scheva ist im ganzen Land bekannt

03 Köstlich: Fisch vom Tage mit Beilagen im Savida in Akko

hinter dem Haus, mit Blick auf die Zinnen der alten Stadtmauer. Leckere Mezze (kleine Gerichte), Salat mit Granatapfelkernen, vorzüglicher gebratener Fisch und dazu hausgemachte Hibiskuslimonade und Kaffee mit Kardamom kosten zusammen 100 NIS pro Person; mit Ceviche (Carpaccio vom rohen Fisch) 120 NIS.
2471200 Akko
Salah e-Din St. 14
Tel. +972 (0)4/901 90 62
(B 4)
www.facebook.com/SavidaBar

Haifa
Fattoush
Ein Frühstück im Garten des Fattoush ist der perfekte Start. Shakschouka (38 NIS) wird mit frischem Gemüse und arabischem Brot serviert. Sehr gut: das Hammim, Rindfleisch mit Zwiebeln und Zimt (58 NIS).
3502332 Haifa
Sderot Ben Gurion 38
Tel. +972 (0)4/852 49 30
Geöffnet Mo.–Sa. 8–24,
So. 8.30–13 Uhr
(B 3)
www.rol.co.il/sites/fatush

Mehr Aktualität. Mehr Service.
Die ADAC Motorwelt.

Ob Handy, PC oder Tablet:
Auf adac.de/motorwelt finden Sie

- Exklusive Fahrberichte und aktuelle Reportagen
- Tests, Service, Meinung und Unterhaltung
- Bildergalerien, Filme und Links
- Alle Inhalte für alle Geräte optimiert

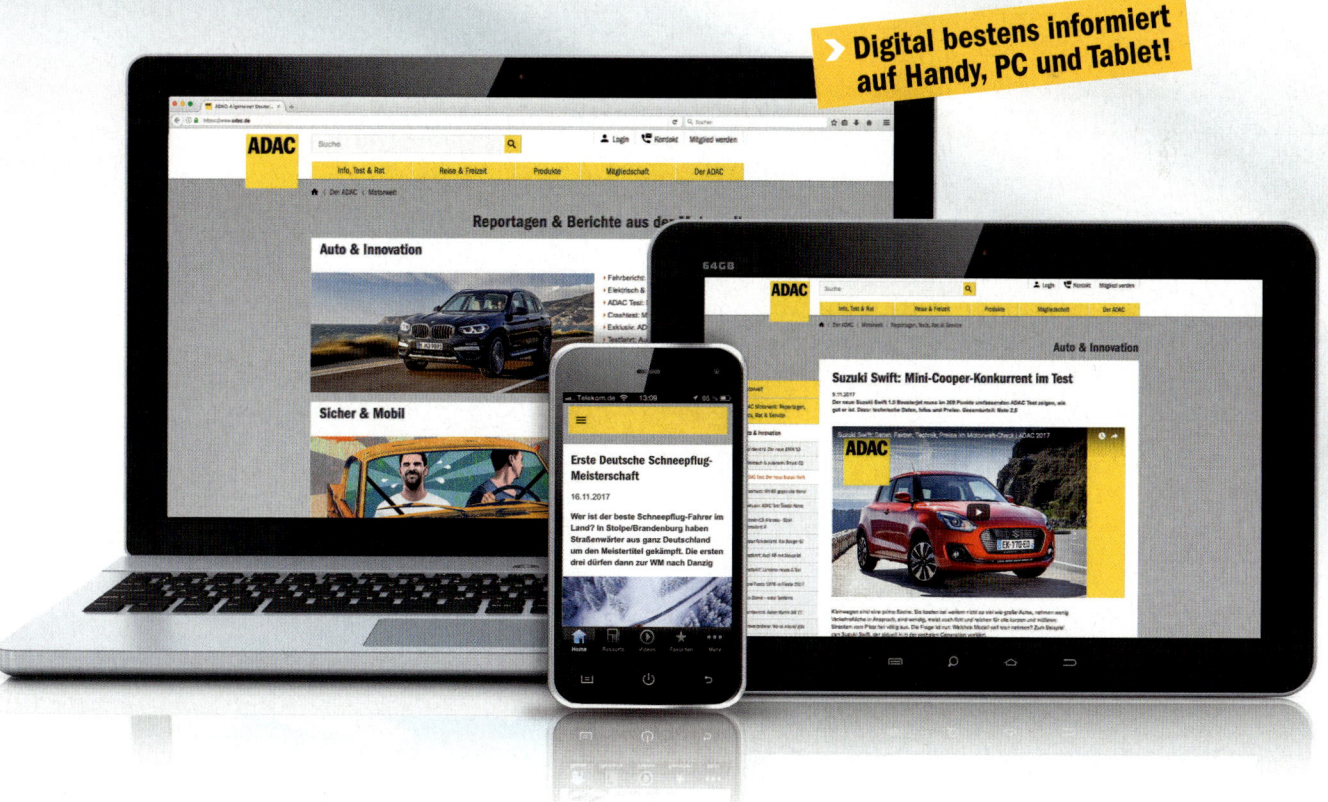

> Digital bestens informiert auf Handy, PC und Tablet!

Feier-Abend!

Tel Aviv gilt nach Sonnenuntergang als riesige
Partymeile. Grund genug, mit einem professionellen
Nachtschwärmer durch die Straßen, Clubs und
Bars der weltoffenen Stadt am Mittelmeer zu ziehen

TEXT: Sabine Brandes
FOTOS: Jasmin Rozencwajg

Frühschicht: Kurz vor Morgengrauen im Club Pasaz –
das Konzert von Shotei Hanevua ist vorbei, die Aftershowparty
unter zuckenden Lichtern in vollem Gange

Startpunkt:
Der Rothschild-Boulevard
ist die angesagteste
Ausgehmeile Tel Avivs

Es gibt eigenartige Berufe. In Amsterdam etwa arbeiten Fahrradfischer – sie ziehen versenkte Räder aus den Grachten. Auf der Karibikinsel St. Thomas beschäftigt das Ritz-Carlton eine Art Kokosnusspolizei, die aufpasst, dass Hotelgäste nicht von den harten Früchten getroffen werden. Und in Tel Aviv arbeitet ein Nachtschwärmer.

Genau genommen sind in der Stadt, die keine Sperrstunde kennt, unzählige Nachtschwärmer unterwegs, aber dieser macht die Sache professionell. Ido Weil ist 36 Jahre alt, schlaksiger Typ, schwarzes T-Shirt, Jeans, coole Sneakers, und er ist Night Crawler. Ein Nachtschwärmer mit eigener Firma und eigener Internetseite. Ido ist eine Institution, wenn es um die Bars und Kneipen der Gegend geht. Und er ist buchbar. Seit acht Jahren veranstaltet er Touren durchs Nachtleben, zeigt vor allem Touristen die Möglichkeiten dieser Stadt. Nun also sind wir seine Gäste.

Zum Auftakt gibt es erst einmal einen Hafouch. Die israelische Variante des Cappuccino genießt man in einem der Kioske auf dem Rothschild-Boulevard. Wer dabei an schmuddelige Buden denkt, liegt daneben. Diese Kioske sind herausgeputzte

Cafés, oft mit duftenden Snacks und Dutzenden von Kaffeesorten. Donnerstagnachmittags trifft man sich hier nach Büroschluss und verabredet sich für den Abend. Auch wir. Ido verrät dabei gleich sein Berufsgeheimnis: „Bloß nicht durcheinandertrinken, iss am Morgen danach, so viel du kannst, trink vier Gläser Wasser, und ab ins Bett." Wir danken für den Tipp, Ido muss es wissen, er ist Profi.

„Der Rothschild", wie er von den Bewohnern Tel Avivs genannt wird, ist eine von dicken Akazien gesäumte Allee, die sich vom Nationaltheater Habima im Norden bis Neve Zedek zieht. Um uns herum schwirren durchgestylte Städter auf Elektrorädern, Elektrorollern oder futuristischen Gehhilfen mit zwei Rädern. Auf den beiden Seiten des Boulevards reihen sich

Durchgestylte Städter, futuristische Gehhilfen – auf dem *Rothschild-Boulevard* ist man nie allein

Bars, Restaurants, Cafés und Kneipen aneinander, oft in aufwendig renovierten Bauhausgebäuden. Es ist die Ausgehmeile der Stadt, die übersetzt „Frühlingshügel" heißt. Hoch zu Ross beobachtet der legendäre erste Bürgermeister, Meir Dizengoff, als Statue das Treiben. Wohlwollend das bronzene Lächeln – es scheint ihm zu gefallen, was er sieht. ⟶

Eckwerte: Am Rothschild-Boulevard liegen etliche Kioske mit großer Kaffeeauswahl

Runde Sache: Das Poli House, ein Hotel im Bauhausstil in der Nähe des Karmel-Markts Unten: Am Strand spazieren „Night Crawler" Ido Weil und Autorin Sabine Brandes nach Süden in Richtung Jaffa

Tel Aviv gilt als Metropole der Moderne, Kreativität und Aufgeschlossenheit. Doch die Stadt hat auch ein anderes Gesicht – ein altes, das Ido uns zeigen will. Wir nehmen die Schuhe in die Hand und stapfen am Meer entlang. Wind ist aufgekommen und lässt die Wellen steigen. Ihr Brett unter dem Arm, laufen Surfer mit breiten Schultern und Boardershorts an uns vobei und werfen sich in die Fluten. Vor uns tut sich das Historische auf: Jaffa, das arabische Fischerdorf auf dem Hügel neben der Großstadt.

Unterwegs erzählt Ido von einer kuriosen Liebesgeschichte. Es ist die von jungen Deutschen und Tel Aviv. „Ich habe es anfangs kaum verstanden. Aber dann traf ich immer mehr Leute aus Berlin, Hamburg und München, die sich bei ihrem ersten Besuch unsterblich verliebt hatten. In die Stadt, die Vibes, die Leute. Viele sagen, sie fühlten sich hier frei, und kommen dann immer wieder. Wenn man die gemeinsame Geschichte unserer Länder bedenkt, ist das irgendwie rührend."

An der renovierten Hafenmole in Jaffa kehren wir bei Mahmoud ein. Im Fischlokal The Old Man and the Sea muss man gewesen sein. Allein schon wegen der kun-

Mezzger: Im Restaurant The Old Man and the Sea serviert ein Kellner eine Auswahl orientalischer Vorspeisen. Am Spieß gegrillte Garnelen sind eine dieser Mezze

Obenauf: Rein optisch wirkt die Suramare Rooftop-Bar, in der Ido Weil und Sabine Brandes einen Cocktail nehmen, bodenständig. Doch sie liegt in der zehnten Etage eines Bürogebäudes hoch über Tel Aviv

terbunten nahöstlichen Salatim, die alle Geschmacksnerven kitzeln. Die Vielfalt der Salate bedeckt den kompletten Tisch: eingelegte Karotten mit Cranberry, Rucola an roten Zwiebeln, scharfer Tomatensalat in Dill. Mahmoud hat mit zehn Varianten begonnen, heute sind es 23, und er entwickelt ständig neue. Er zwinkert: „Damit mir nicht langweilig wird." Im Old Man sieht es nicht nach Langeweile aus, stattdessen

Einen Cocktail im *Hafen von Jaffa* – im Hintergrund schaukeln die Fischerboote

gibt es eine Lektion in Koexistenz: Neben arabischen Familien sitzen Hipster aus dem Stadtteil Florentin und Touristen aus allen Ecken der Welt.

Die untergehende Sonne taucht den Himmel in sattes Orange. Ido streckt sich auf seinem Stuhl. Die Nacht lässt er mit einem Cocktail im Container beginnen. Nippend schauen wir auf die Netze und schaukelnden Boote der Fischer. Der Container ist Veranstaltungshalle, Bar und überraschend gutes Restaurant in einem, an den Wänden hängen Werke junger israelischer Künstler. Später spazieren wir durch die jahrhundertealten Gassen über den Hügel zum Flohmarkt. Dort, wo tagsüber Trödel verkauft wird, geht man am Abend aus. In drei oder vier engen Straßenzügen haben sich Dutzende von Lokalen angesiedelt. Das erste am Platz war das Puaa, das sich stetig erweitert und seine Einrichtung vom Flohmarkt bezieht. Die Akbar ist angesagt und bietet häufig Livemusik. Die beste Stimmung aber herrscht unter den bunten Lichterketten auf der Straße.

Zurück im modernen Teil der Doppelstadt, geht's zur nächsten Location, die, neben einem Parkhaus gelegen, wenig verlockend wirkt. Doch als die Schönheit vor der Tür mit ihren knallroten Lippen verheißungsvoll „zehnter Stock" raunt, steigt die Spannung mit jeder Etage. Der Fahrstuhl rauscht in die Höhe – und oben wartet buchstäblich der Höhepunkt: die berauschende Aussicht von der Bar Suramare auf das nächtliche Tel Aviv. Barkeeper Amit serviert den Hauscocktail $\longrightarrow$

Vorgeschmack: Blick von Jaffas Abrasha Park auf die Skyline Tel Avivs. Dort spielt sich das heißeste Nachtleben des Nahen Ostens ab

Einfach, cool: Wie The Old Man and the Sea liegt auch der Container im alten Hafen von Jaffa. Das Raue, Unverputzte gehört zum Konzept der Bars und Restaurants

Tropical Spice. Wir dürfen raten. Er prickelt und brennt etwas: Chili. Dazu Wodka, Lime und Mango – eine fabelhafte Mixtur.

Kurz darauf geht es mit dem Taxi wieder in Richtung Rothschild. Der kleine Hunger meldet sich, Zeit also für einen Malabi: Der Milchpudding ist so etwas wie Israels nationale Süßspeise. Am besten probiert man ihn stilecht mit Rosenwasser, einer Handvoll geschroteter Nüsse und spielt dazu mit Freunden Backgammon. Wir lassen uns am Springbrunnen auf der wohl charmantesten Straße nieder, der Bialik. Hier treffen wir den alten Bürgermeister Dizengoff wieder. Zumindest im Geiste, denn in der einstigen Stadtverwaltung hinter uns ist sein Büro originalgetreu erhalten. Vor uns liegt das Bauhaus-Museum. Wir legen die Beine hoch und löffeln die Plastikbecher leer. Ido lacht: „Partymachen ist harte Arbeit."

Für ihn allemal. Schließlich ist er nahezu jede Nacht unterwegs. Mittlerweile ist es fast Mitternacht, der Rothschild voller Leute und Ido in seinem Element. Alle

paar Minuten tönt es „Schalom, ma ha'inianim?" („Hallo, wie läuft's denn so?"). Er schleust uns an der Schlange vor der Sputnik-Bar vorbei und begrüßt Eigentümer Afik mit einer Umarmung. Auf einer großzügigen Fläche wachsen Bäume durch das Dach – Dorfplatzfeeling mit Künstlertouch. Man sitzt in Grüppchen

Beim Milchpudding *stellt Ido fest,* dass Partymachen harte Arbeit bedeutet

Mischen possible: Ein Barkeeper beim Cocktailmixen im Sputnik Rechts: Gegenüber der Großen Synagoge in der Allenby Street hat sich das Nachtleben nach draußen verlagert

Vogelwild: Ein Flamingo am Eingang zur Bar Zoozoo am Rothschild-Boulevard

Rand und Band: Auftritt von Shotei Hanevua im Club Pasaz. Die Showbusiness-Profis kooperieren häufig auch mit dem Electronic-Superstar Skazi

Bodenständig: Ido Weil beim Snack mit der Autorin an der Bialik Street – der Malabi, ein Milchpudding, gilt als inoffizielle nationale Süßspeise

Reglerwerk: Nach dem Konzert im Club Pasaz kommt die Stunde von DJ Atar. Mit arabischen Klängen und Charthits hält er die Meute bei Laune

Kugelblitz: Mit DJ-Sets und Konzerten mischt der Club Pasaz in Tel Aviv ganz vorn mit

und plauscht entspannt. Über eine Treppe geht es hinauf in ein Labyrinth aus Räumen mit Bars, an deren Wänden fliegende Untertassen hängen, bis zu einer düsteren Tanzfläche. Zwei Raketen-Blueprints spenden dürftig Licht und unterstreichen die trendige Deko: Retrofuturism.

Um die Ecke, im Zoozoo, trifft sich derweil ein komplett anderes Publikum. Hier sind die Röcke kurz und die Hacken hoch. Es wird pausenlos geflirtet, getrunken und getanzt. Zwei junge Damen in knallengen Jeans steigen auf die Theke und wiegen sich mehr oder minder rhythmisch zu den donnernden Beats der alten Hebrew-Hits. Der bärtige Hipster-Barkeeper versprüht dazu CO_2 aus einem Getränkesiphon. Die Papierservietten fliegen, das Publikum johlt lautstark durcheinander.

Wer zwischen Bar-Hopping und Clubbing seinen Hunger stillen will, braucht nur vor die Tür zu treten. Die unzähligen Street-Food-Stände schließen erst in den Morgenstunden. Riesige Burger (auch Veggie) gibt es bei Susu & Sons. Die Pizza von Tony Vespa ist knusprig, Hauptattraktion aber ist das Personal. Um hier Teig kneten zu dürfen, muss man mindestens

beide Arme tätowiert haben und mutmaßlich irgendwann mal in einer Hardrockband gespielt haben.

In einer ehemaligen schmuddeligen Ladenpassage wird im Club Pasaz viel Wert auf die Qualität der Musik gelegt. Hier legen die Shootingstars des Landes auf. Wie DJ Atar. Der schwört auf einen Alt-Neu-Mix: „Arabische Tunes, ⟶

israelische Abräumer der Achtziger und aktuelle Chartbreaker." Heute Abend ist Atar fürs Aufwärmen zuständig. Die Shots fließen, während das Publikum auf Shotei Hanevua wartet. Die Band gibt es seit mehr als 20 Jahren, und noch immer wissen ihre Hits die Leute zu begeistern. „Kol hajeladim kofzim, rokdim …" Der Boden wippt unter der im Takt hüpfenden Menschenmasse.

„Es ist schon lustig", meint der Mitbegründer der Band, Roi Levi, im Backstagebereich. „Israel ist ein kleines Land, aber es gibt eine wahnsinnig vielfältige Musikszene. Jeder kennt jeden, und das ergibt aufregende Mixturen." Shotei Hanevua beispielsweise machte gemeinsame Sache mit Electronic-Superstar Skazi. „So erfinden sich viele Künstler immer wieder neu – sogar wenn sie schon etwas in die Jahre gekommen sind." „Müde?", fragt der Barkeeper eine Dame mit wilden Locken, die sich gerade kurz am Tresen ausruht. „Ach was", raunt die: „Wir schlafen, wenn wir tot sind." Draußen hat der Strom der Partygänger noch immer nicht abgerissen. Der Morgen graut.

Nur fünf Minuten Fußweg entfernt grüßt die Bedienung im Benedict fröhlich:

„Bóker tov!"(„Guten Morgen!") – als hätte sie gerade acht Stunden Schlaf hinter sich. Wir definitiv nicht. Die Füße schmerzen, der Kopf schwirrt. Höchste Zeit für ein Frühstück, das in dieser Location rund um die Uhr serviert wird. Das Lokal schließt nie – das freundliche „Guten Morgen!" gilt hier Tag und Nacht. Wir stärken uns mit einem israelischen Frühstück samt gehacktem Salat, Sesampaste und frischen Brötchen. Dazu ein Berg von Buttermilch-Pfannkuchen mit verführerisch salziger Karamellsoße. Delikater könnte die Nacht kaum enden. Zum Abschluss genehmigen wir uns noch einen letzten Cocktail und trinken auf das Leben, das man hier in vollen Zügen genießt. Dabei hat Ido Weil in ein paar Stunden schon wieder Nachtschicht. Die Jobs mancher Menschen können mitunter ganz schön hart sein. Aber eben auch ganz schön. ——

Freundliche Übernahme: Küchenpersonal und Servicemitarbeiter im Benedict am Rothschild-Boulevard arbeiten Hand in Hand

Grüner Bereich: Nach der langen Nacht hauchen der Cocktail Gin Basil Smash und pochierte Eier auf Spinattoast wieder etwas Leben ein (oben)
Links: Ido Weil und Sabine Brandes beim Frühstück im Benedict

Night and Day.

Tel Aviv-Jaffa gilt als Hauptstadt des Nachtlebens – im ganzen Nahen Osten

WICHTIGE ADRESSEN AUS DER REPORTAGE

❶ The Old Man and the Sea
6800708 Jaffa, Rezif Haaliya Haschnia St. 101
Tel. +972 (0) 53 / 809 43 46
Geöffnet tgl. 11–24 Uhr

❷ Puaa
6813814 Jaffa
Rabbi Yochanan St. 8
Tel. +972 (0) 3 / 682 38 21
Geöffnet tgl. 9–1 Uhr

❸ Suramare
67135189 Tel Aviv
Seadya Gaon St. 24
Geöffnet tgl. 8.30–3 Uhr
Reservierung über Facebook:
www.facebook.com/
Suramare10floor

❹ Club Pasaz
6581301 Tel Aviv
Allenby St. 94
Tel. +972 (0) 52 / 839 34 46
Geöffnet tgl. 21–4 Uhr
Eintritt: ab 50 NIS

❺ Benedict
6688208 Tel Aviv
Rothschild-Boulevard 29
Tel. +972 (0) 3 / 686 86 57
Durchgehend geöffnet
www.benedict.co.il/en

ÜBERNACHTEN

❻ Cinema Hotel
An die ursprüngliche Funktion des 1939 als Kino

01 Altbau: Das Puaa ist das älteste der vielen Lokale im Schuk Hapischpeschim, dem Flohmarkt in Jaffa

02 On top: Zehn Stockwerke hoch über Tel Aviv verführen die Cocktails in der Suramare-Rooftop-Bar

errichteten Gebäudes erinnern ein Projektor im Foyer und Poster an den Wänden. Vom Türknauf bis zur schneeweißen Fassade ist das komfortable Haus ein perfektes Beispiel für den Bauhausstil.
6437302 Tel Aviv
Dizengoff Square 10
Tel. +972 (0) 3 / 542 55 55
83 Zimmer: DZ ab 618 NIS, inkl. Frühstück
https://www.atlas.co.il/cinema.hotel-tel-aviv-israel

❼ Poli House
Auch in diesem Boutiquehotel blieb der Bauhauscharme von 1934 erhalten. Rooftop-Pool (für Gäste, ganzjährig beheizt) und -Bar (für alle), der atemberaubende Blick über die Stadt und die moderne Einrichtung machen es bei Touristen und Einheimischen beliebt.
6516101 Tel Aviv
Nahalat Binyamin St. 1
Tel. +972 (0) 3 / 710 50 00
40 Zimmer und Suiten: DZ ab 825 NIS, inkl. Frühst.
www.brownhotels.com/poli

❽ The Rothschild 71
Im Internationalen Stil errichtete Zeev Rechter 1934 das auffällige Krieger-Haus. Trotz klarer Strukturen wirken die Hotelzimmer →

Fotos: Jasmin Rozencwajg; Karte: ADAC Reisemagazin

gemütlich, einige besitzen eine Kochnische. Frühstück gibt es im Erdgeschoss im Ristorante Cantina.
65786 Tel Aviv
Rothschild Boulevard 71
Tel. +972 (0) 3 / 629 05 55
32 Zimmer u. Suiten:
DZ ab 667 NIS,
Frühstück 56 NIS / Pers.
www.the-rothschild.com

GENIESSEN

❾ Bana
Tel Aviv bietet viel für Veganer: Im Bana wechselt das Menü saisonal, serviert wird Originelles wie die mit schwarzem Knoblauch eingeriebene Bruschetta. Im Garten sorgen Dutzende Lichterketten für Romantik.
65795 Tel Aviv
Nachmani St. 36
Tel. +972 (0) 3 / 699 15 66
Bana-Beet-Burger aus
Roter Beete 48 NIS
Geöffnet So.–Fr. 12–16 und
19–23.30, Sa. 12–23 Uhr

❿ Orna and Ella
Das 1992 eröffnete Lokal ist perfekt für den feinen Lunch nach einer Shoppingtour über die Scheinkin. Die Küchlein aus Süßkartoffeln mit Sour Cream werden landesweit gerühmt.
6523213 Tel Aviv
Scheinkin St. 33
Tel. +972 (0) 3 / 525 20 85
Süßkartoffelküchlein 32 NIS
Geöffnet tgl. 10–24 Uhr
www.ornaandella.com

⓫ Manta Ray
Hohe Qualität, vor allem bei Fisch und Meeresfrüchten, bietet das Manta Ray an der Strandpromenade. „Sharing Seafood" macht Spaß beim Essen zu zweit.

6800021 Tel Aviv
Yechiskel Koifman St. 703
Tel. +972 (0) 3 / 517 47 73
Sharing Seafood 185 NIS
Geöffnet tgl. 9–23 Uhr
Reservierung erforderlich
www.mantaray.co.il

ANSCHAUEN

⓬ Bauhaus-Center
Rund 4000 Bauhausgebäude verleihen einem Viertel Tel Avivs den Beinamen „Weiße Stadt". Es ist seit 2003 UNESCO-Welterbe. Im Bauhaus-Center gibt es stilvolle Geschenke und Poster mit historischen Motiven. Hier startet auch eine Tour zu den eindrucksvollsten Häusern.
6433249 Tel Aviv
Dizengoff St. 77
Tel. +972 (0) 3 / 522 02 49
Geöffnet Sa.–Do. 10–19.30,
Fr. 10–14.30 Uhr
Eintritt frei; 2-stündige Tour
Fr. 10 Uhr für 80 NIS
www.bauhaus-center.com

⓭ Bauhaus-Museum
Das private Museum präsentiert Möbel, Lampen, Glas und Keramik. Es vermittelt auf 120 m² einen Eindruck von der schnörkellosen und funktionellen Inneneinrichtung zu Bauhauszeiten.
63324 Tel Aviv, Bialik St. 21
Tel. +972 (0) 3 / 620 46 64
Geöffnet Mi. 11–17 und
Fr. 10–14 Uhr. Eintritt frei

⓮ Stadtmuseum
Das Beit Hair zeigt urbane Historie mit Fotos und Geschichten der Einwohner – in Badehose, vor dem neuen Auto oder beim Laubhüttenfest. Zehntausende von Zeitzeugenberichten sind in den Computern gespeichert. Dazu das Origi-

nalbüro des ersten Bürgermeisters und internationale Ausstellungen.
63324 Tel Aviv, Bialik St. 27
Tel. +972 (0) 3 / 724 03 11
Geöffnet Mo.–Do. 9–17,
Fr. und Sa. 10–14 Uhr
Eintritt: 20 NIS

⓯ Karmel-Markt
Der „Schuk" bleibt unverändert: laut, bunt und durcheinander, mit nur wenigen In-Lokalen. Neben Obst, Gemüse und Haushaltswaren gibt es „echte" Luxussonnenbrillen, allerlei Kitsch und einen Biosupermarkt.
6560464 Tel Aviv, Karmel St.,
Geöffnet So.–Do. 8–18,
Fr. 8–16 Uhr

⓰ Museum of Art
Schon allein der Anbau von Preston Scott Cohen ist ein Meisterwerk. Sein 27 m hohes Atrium mäandert auf mehreren Ebenen durch die Mitte. Das Haus zeigt moderne und zeitgenössische sowie die weltweit größte Sammlung israelischer Kunst.
61332012 Tel Aviv
Shaul Hamelech St. 27
Tel. +972 (0) 3 / 607 70 20
Geöffnet Mo., Mi., Sa. 10–18,
Di., Do. 10–21, Fr. 10–14 Uhr
Eintritt: 50 NIS
www.tamuseum.org.il

01

02

01 Entfaltet: Der Anbau des Museum of Art wirkt wie ein gigantisches Origami

02 Abgefischt: Alles aus dem Meer ist eine sichere Bank im Manta Ray

03 Herzig: Unter acht Stränden können Städter und Besucher in Herzlija wählen

04 Brettspieler: Am Dolphinarium Beach von Tel Aviv tummeln sich die Surfer

Sand, Bars & Meer.

Tel Aviv hat 16 Strände.
Entlang der 200 km
langen Mittelmeerküste
locken noch ganz
andere Badeorte

TEL AVIV-JAFFA

Zentral liegen Banana und
Frishman Beach, das Publikum ist gemischt. Manche
Strände sind eher spezialisiert,
von Süd nach Nord u. a. Alma
Dog auf Vierbeiner und Herr-
chen, Alma auf Surfer, Geula
und Gordon auf Volleyball-
und Matkotspieler. Es folgen
Top Sea für Wassersportler,
Gay und Religious Beach,
Letzterer mit eigenen Badeta-
gen für Männer und Frauen.

HERZLIJA

An den weißsandigen Stränden der Stadt geht es sehr ge-
pflegt zu und ruhiger als im
benachbarten Tel Aviv.
(D 3) * *herzliya-marina.co.il/en*

The Ritz-Carlton
In dem Hotel am Yachthafen
werden Lobby und Restau-
rant täglich mit frischen Blu-

men dekoriert. Alle Zimmer
sind mindestens 50 m² groß
und verfügen über Balkon
und Meeresblick. Auf dem
Dach schwimmt man mit
spektakulärer Aussicht.
4655504 Herzlija
Hashunit St. 4
Tel. +972 (0) 9 / 373 55 55
115 Zimmer und 82 Suiten:
DZ ab 1545 NIS
www.ritzcarlton.com

NETANJA

Blaue Flaggen wehen hier
über acht offiziellen Stränden,
besonders gut ist die Infra-
struktur an Herzl- und Siro-
nit Beach. Letzterer ist von
der Rishonim-Promenade
aus per Lift erreichbar. *(D 3)*

Medi Terre Hotel
Das geschmackvoll eingerich-
tete, komfortable Hotel liegt
innerhalb eines neu erbauten
Hochhauses. Mit ganz unterschiedlichen Zimmerkate-
gorien eignet es sich auch für
den Familienurlaub.
4226269 Netanya
Sderot Nitsa 20
Tel. +972 (0) 9 / 973 73 33
Zimmer und Suiten: DZ ab
590 NIS, inkl. Frühstück
www.mediterrehotel.com

DOR

Erholsame Ferien garantiert
dieser weitläufige Strand an
der Karmelküste, daneben
liegt eine archäologische Aus-
grabungsstätte. *(C 3)*

Dor Country Lodging
Diese z.T. als Iglus gebauten,
geräumigen Ferienhäuschen
sind mit Küchen und Klimaanlage ausgestattet, ansonsten eher einfach eingerichtet.
Größte Pluspunkte sind die
Lage direkt am Meer und ein
großer Spielplatz.
30820 Dor, Karmel Beach
Tel. +972 (0) 4 / 639 27 81
83 Zimmer und Apartments:
Familienapartment für
1 Woche im April 6170 NIS

NAHARIJA

Der Banana Beach verläuft
entlang sanfter Buchten und
gilt als schönster Israels. *(B 4)*

Banana Beach Hotel
Chuschot (simple Bambus-
hütten mit Kühlschrank und
Deckenventilator) stehen
hier direkt im Sand. Wenige
Meter entfernt bietet eine
Strandbar Toasts und Salate.
Tel. +972 (0) 4 / 982 77 88
Geöffnet Apr.–Okt.
Bungalow ab 300 NIS / 2 Pers.
E-Mail: achzivbb@gmail.com

Michael Bistro
Michael Grotofsky veredelt
in dem hüttenhaft gemüt-
lichen Bistro Regionales
„vom Feld auf den Tisch".
22820 Naharija
Liman Ha-Gefen St. 43
Geöffnet Mi.–Fr. 18–24,
Sa. 12–24 Uhr
Tel. +972 (0) 50 / 982 12 50
Kohl-Lamm-Rouladen 56 NIS

03

04

Blätterwald:
Der Autor David
Grossman im Garten
seines Hauses in
Mewasseret Zion,
einem Vorort von
Jerusalem

„*Unsere Gefühle stehen unter Starkstrom*"

Berührend und intensiv sind die Bücher, die David Grossman für Erwachsene, Kinder und Jugendliche schreibt. Mit großem Engagement tritt der gefeierte Schriftsteller seit Jahrzehnten für einen offenen Dialog mit den Palästinensern und die Zwei-Staaten-Lösung ein. Gero Günther traf Grossman in seinem Reihenhaus in einem Jerusalemer Vorort zum Gespräch

TEXT: Gero Günther
FOTOS: Jonas Opperskalski

Es ist der heißeste Tag des Jahres. Jerusalem stöhnt unter der Hitze. So heiß ist es, dass David Grossman uns im gekühlten Wohnzimmer statt auf der Terrasse seines Reihenhauses empfängt. Seine Frau Michal bringt Eistee.

Sie sind in Jerusalem geboren und leben hier seit Jahrzehnten. Ist diese Stadt manchmal auch eine ganz normale Metropole mit Staus und heftigen Hitzewellen?

(Lacht.) Nun ja, es ist eigentlich kein normaler, sondern ein sehr unnormaler normaler Ort. Lassen Sie mich eine Anekdote erzählen: Im Portugalurlaub 1978 wollten meine Frau und ich zu Hause anrufen. Damals ging das noch über die Vermittlung. Die Dame fragt mich: „Wohin wollen Sie telefonieren?" Ich sage: „Jerusalem." Sie beginnt zu kichern, ich bin beleidigt. „Warum lachen Sie?" Sie antwortet: „Aber Sir, Jerusalem ist doch im Himmel." Manchmal ist diese Stadt Himmel und manchmal Hölle. Leute leben hier, machen Geschäfte, haben Sex und ihren normalen Alltag. Und natürlich ist Jerusalem die Wiege des Juden- und Christentums, ein bedeutender Ort für den Islam. Eine Art Atomreaktor verschiedenster Glaubensrichtungen, faszinierend und hochexplosiv.

Ist das nicht oft sehr ermüdend?

Man lebt hier wie in einer Echokammer. Geschichte ist überall spürbar. Wenn ich am Skopusberg bin, kann ich mir Jakob und Joseph mit ihrer Schafherde vorstellen. Wir bringen hier Lebensgeschichten hervor, die das menschliche Maß übersteigen.

Das spürt man auch in Ihren Geschichten. Manche Ihrer Protagonisten sind voller Emotionen. Ora beispielsweise, die Mutter in Ihrem Roman „Eine Frau flieht vor einer Nachricht".

Ora ist eine sehr typische israelische Mutter. Leserinnen haben mir das $\longrightarrow$

tausendmal versichert. Viele haben mir geschrieben: „Ich bin Ora." Die Intensität in diesem Land kann für Außenstehende unerträglich wirken. Wir sind extreme Menschen, unsere Gefühle stehen unter Starkstrom. Man spürt das in der Art, wie wir lieben und hassen, in unserer Zärtlichkeit und unserem Mitgefühl. Viele Leute wundern sich über die Direktheit der Israelis, die einfach sagen, was sie denken. Und auch die Freundschaften in Israel sind einzigartig und intensiv.

Wie meinen Sie das?

Als unser Sohn Uri im Libanonkrieg starb, haben Freunde uns mit Liebe und Fürsorge umgeben. Sie haben sich um uns gekümmert. Monatelang. So ist das hier. Leider gilt diese Wärme nicht für den öffentlichen Raum. Warum verhalten wir uns so aggressiv im Straßenverkehr oder am Strand? Das hat mit der Anspannung zu tun, unter der wir ständig stehen. Man kann eben mit so einem Gewaltkonflikt nicht normal leben. Er ruft Hass und Rassismus hervor, er betrifft uns alle.

Und das führt zu einer Brutalisierung des Alltags?

Wir tragen einen dicken Panzer, aber der Ritter in der Rüstung ist verschwunden. Da geben wir viel Geld für die Sicherung unserer Grenzen aus, aber wir kümmern uns nicht mehr darum, was innerhalb der Ritterrüstung vor sich geht. Ich möchte meinen Lesern verdeutlichen, was passiert, wenn man ein Leben voller Gewalt führt. Wie die Gewalt einen verändert und daran hindert, an eine bessere Zukunft zu glauben. In meinem Leben habe ich keine einzige Stunde echten Frieden erlebt, also echten Frieden, wie er zwischen Deutschland und Frankreich herrscht. Viele hier glauben, dieser Zustand sei zwangsläufig, dabei ist Israel stark genug, um andere Lösungen zu erproben. Wir werden unser Leben nicht in Ruhe führen können, solang die Palästinenser nicht ihres leben dürfen.

Wie finden Sie inmitten dieser Spannungen Ihre Ruhe und Ihren Frieden? Geht das überhaupt?

In der Natur kann ich das Leben genießen, Freiheit spüren. Michal, meine Frau, und

ich gehen jeden Morgen spazieren. Mit unserer Hündin, die sehr alt ist. Wir stehen um 5.45 Uhr auf, seit zwölf Jahren. Manchmal bekommen wir Füchse, Hasen oder Gazellen zu sehen, einmal sogar Wölfe. Zu erleben, wie die Wolken verdampfen und die Sonne aufgeht, das bereitet uns einen besonderen Start in den Tag. Und dann helfen natürlich Kunst und Musik. Israel

ist ein sehr kunstsinniges Land. Ich vergleiche es gern mit einem Blinden, dessen Gehör ganz besonders stark entwickelt ist. Durch die Kunst können wir das Leben erkunden, wagemutig sein, flexibel, innovativ. Alles Eigenschaften, die uns fehlen, wenn es um den Konflikt geht. In der Kunst erinnern wir uns an die Freiheit, hier können wir über Alternativen nachdenken.

In einem Aufsatz über Literatur und Politik haben Sie einmal geschrieben, das Erfinden von Geschichten sei für Sie Widerstand gegen die Opferrolle.

In allem, was ich schreibe, und durch den Schreibakt selbst lehne ich mich gegen die Willkür auf – die des Naziregimes, diejenige, die der Körper auf die Seele ausübt, die der militärischen Besatzung oder des Todes und des Verlustes einer geliebten Person. Weil ich einen Sohn verloren habe, weiß ich, wie es sich anfühlt, dem Fatalismus und Hass nachzugeben. Es ist sehr verführerisch, nach Rache zu dürsten. Aber ich habe sehr schnell nach Uris Tod gemerkt, dass er mir entgleitet, wenn ich hasserfüllt bin. Hass hilft dir ein paar Minuten lang, weil du kurzzeitig keine Trauer mehr spürst. Aber dadurch verliere ich den Kontakt zu ihm. Wenn ich Leben, Fantasien und Figuren erschaffe, dann bin ich kein Opfer. Und Sie wissen ja, wie bedeutsam dieses Wort für uns Juden ist. Wenn Leute behaupten, dass es keine Alternative gebe, haben sie bereits verloren. Ich mag naiv klingen, aber ich kann mir den Luxus der Verzweiflung nicht leisten.

Sie sprechen von dem reinen Genuss, in andere Charaktere zu schlüpfen.

Ich stecke gerade mitten in diesem Prozess, weil ich einen neuen Roman begonnen habe. Eine Figur kann alt oder jung sein, verbittert oder fröhlich. Meine Charaktere dürfen aber auf keinen Fall eindimensional sein, solche Menschen gibt es nicht. Wir sind voller Widersprüche, Risse und Fehler.

Wie Dovele, die Hauptfigur in Ihrem neuesten Roman „Kommt ein Pferd in die Bar". Dieses Buch lebt von der Genauigkeit, mit der Sie das gesprochene Wort wiedergeben.

Dovele muss Slang sprechen, schließlich tritt er in einem heruntergekommenen Nachtclub in Netanja auf, da kann er keine Hochsprache benutzen. Aber auch viele meiner anderen Charaktere sprechen so. Das ist das Tolle daran, ein israelischer Schriftsteller zu sein. Wir haben so viele verschiedene Sprachebenen, vom Biblischen bis zum Slang, und damit kann ich spielen. Wenn Menschen hier miteinander kommunizieren, dann benutzen sie unbewusst ständig Bruchstücke aus der Bibel. Hebräisch befand sich fast 2000 Jahre im Ruhezustand und wurde nur als religiöse Sprache benutzt. Und dann tauchte zu Beginn des 20. Jahrhunderts plötzlich dieses verrückte Genie auf, Eliezer Ben-Yehuda. Er beschloss, eine Sprache auf Basis der Bibel zu erschaffen, er hat sie modernisiert, der Gegenwart angepasst. Dazu musste er Wörter für Meerrettich, Auto oder Kran erfinden. Die religiösen Kreise attackierten ihn heftig: „Wie kannst du es wagen, die Heilige Sprache anzutasten?!"

Sie bezeichnen sich als Atheisten, zitieren aber regelmäßig die Bibel. Wie passt das zusammen?

Man muss kein Jude und kein Gläubiger sein, um die Bibel zu lesen und Genuss dabei zu empfinden. Der Text ist ein wichtiger Teil meiner Identität, obwohl ich ein Nicht-Gläubiger bin und mir allein das menschliche Leben heilig ist. Seit 26 Jahren treffe ich mich mit Freunden, um die Bibel zu studieren. Jede Woche drei bis vier Stunden. Wir tun das, was Juden immer getan haben: Wir lesen die Bibel mit einer Lupe. Manchmal verharren wir zwei, drei Wochen bei einem einzigen Satz. In den Sommermonaten gönnen wir uns ein bisschen Spaß und lesen jüdische Literatur jenseits der Bibel. Im Moment „Das Schloss" von Kafka.

Ihre Lieblingsstellen in der Bibel?

Zunächst das 1. Buch Mose, die Genesis. Es ist ein Buch über die Liebe und Auseinandersetzungen in einer Familie. Interessanterweise finden die Hauptkonflikte nicht zwischen Vater und Sohn, sondern zwischen Brüdern statt, Kain und Abel, Jakob und Esau, Josef und seinen Brüdern. Der Konflikt ist horizontal, nicht vertikal. Wenn man die Genesis liest, versteht man, wie wir als Volk entstanden sind. Wie wir unsere Nachbarn behandelt haben und

dieses Gefühl von Einzigartigkeit, das Juden von Anfang an hatten. Viele biblische Geschichten sind extrem komprimiert. Denken Sie nur an die Liebesgeschichte zwischen Jakob, Lea und Rachel. Ein ganzer Roman steckt in diesen wenigen Sätzen. Oder das Hohelied der Liebe mit seiner erotischen Lyrik. Wenn man heutzutage wagte, so etwas zu schreiben, würden die Rabbis das Buch boykottieren.

Sie haben die Bedeutung der Familie in der Bibel erwähnt. Familie ist eines Ihrer ganz großen Themen.

Familien faszinieren mich. Mich interessiert, wie Kinder aus den Anlagen ihrer Eltern entstehen. Manchmal sind Kinder wahre Schlachtfelder, auf denen die Persönlichkeiten der Eltern miteinander kämpfen. Während Vater und Mutter selbst sich oft gut aufeinander eingestellt haben, leiden die Kinder unter dem, was ihre Eltern ihnen an DNA eingeflößt haben. Und jede Familie hat ihre eigene Sprache, eigene Mythen, einen speziellen Humor. In meinem neuen Buch werde ich wieder von einer neuen Familie adoptiert.

Durch die Kunst können wir das Leben erkunden, wagemutig sein, flexibel, innovativ. Alles Eigenschaften, die uns fehlen, wenn es um den Konflikt geht. In der Kunst erinnern wir uns an die Freiheit, hier können wir über Alternativen nachdenken

Man merkt vielen Ihrer Texte an, dass Sie Wert auf gutes Essen legen.

Ich bin dünn und kann es mir leisten. Meine Frau ist eine ausgezeichnete Köchin, weshalb ich oft aus der Küche verbannt werde, aber ich mache eine sehr gute Pasta. Außerdem gibt es in Israel eine sehr große Bandbreite an Lokalen. Wir leben hier in der Nähe einiger arabischer Dörfer mit

hervorragenden Restaurants. In Ein Rafa etwa gibt es ein Gourmetrestaurant, das ich Ihnen ans Herz legen möchte. Das Majda wird von einem arabisch-jüdischen Paar betrieben. Man speist auf einer Terrasse inmitten herrlicher Landschaft, und die Kinder der arabischen und jüdischen Gäste spielen miteinander. Ich denke dann immer: Was für ein Paradies wir hier haben könnten, wenn wir nur mutiger wären! Israelis lieben arabisches Essen. Wenn die Spannung steigt und ein Krieg ausbricht, ist eine der ersten Reaktionen der jüdischen Israelis, arabische Restaurants zu boykottieren. Nach einer Weile kommen sie wieder. Für viele Juden, die aus dem Irak, Ägypten oder Marokko stammen, ist orientalisches Essen die heimische Küche.

Weil Sie gerade von spielenden Kindern gesprochen haben: Wollen Sie weiterhin Geschichten für Kinder und Jugendliche schreiben?

Ich schreibe ständig Bücher für Kinder und Jugendliche. Mein letztes Kinderbuch entstand für meine beiden Enkelinnen, die ich gleich nach diesem Interview besuchen werde. Sie leben in einem Kibbuz ganz in der Nähe. Meine Enkelin saß neulich in der Badewanne und bemerkte, wie ihre Hand im Wasser schrumpelig wurde. Sie war gleichzeitig fasziniert und erschrocken. Ich liebe es, für Kinder zu schreiben. Man ist dabei viel optimistischer. Diese Energie, die Welt zu erforschen, die Sprache zu erlernen, all die Geheimnisse des Lebens zu erkunden.

Mit Ihren Schriften und Ihrem Engagement verkörpern Sie im Ausland ein Israel der Hoffnung und Versöhnung.

Ich verkläre Israel nicht, und ich dämonisiere es nicht. Auch wenn ich die Regierungspolitik mit deutlichen Worten kritisiere, empfinde ich eine starke Liebe zu unserem Land. Israels Geschichte grenzt an ein Wunder. Was wir erreicht haben, ist einmalig – sowohl in der Kultur als auch der Landwirtschaft und im Hightechbereich. Viele meiner arabischen Freunde haben mir bestätigt, dass Israel ohne seine Armee längst nicht mehr existieren würde. Und ich nehme ihre Einschätzung sehr ernst. Also brauchen wir eine starke Armee, aber wir brauchen eben auch einen starken Frieden mit unseren Nachbarn. Nur diese beiden Komponenten werden die Existenz dieses Landes langfristig garantieren. ——

Flipperwochen

Mit viel Geduld knüpfen die Trainer am Dolphin Reef in Eilat
vorsichtig Beziehungen zwischen Mensch und Tier. Aber das
funktioniert nur, wenn die Meeressäuger es auch wirklich wollen

TEXT: Tim Heller
FOTOS: Michela Morosini

Bitte lächeln: Begegnung mit dem Delfin Nana am Dolphin Reef bei Eilat

D ie Sache scheint völlig klar: Vor uns vollzieht sich ein Schauspiel unbändiger Freude. Nana schwimmt, auf der Seite liegend, direkt an der Oberfläche und winkt uns mit der Schwanzflosse zu. Die Menschen, die neben mir auf dem Steg sitzen, johlen vergnügt. Nana taucht unter dem Steg durch und wiederholt ihre Aktion auf der anderen Seite. Dabei sitzt dort doch niemand – wem also gilt die Freundlichkeit?

„Das ist keine Freundlichkeit", ruft Tal Fisher, „Nana jagt!" Auf den Gesichtern zeigt sich Ratlosigkeit. „Schaut genau hin: Nana liegt auf der Seite, zieht ihre Schwanzflosse zu sich heran und schiebt sich damit kleine Fische Richtung Maul." Sofort drehen sich alle Köpfe. Aus dem gerade noch so nett winkenden Delfin ist plötzlich ein Lebewesen auf kulinarischem Beutezug geworden.

Auf solche Erlebnisse setzt Tal Fisher. Seit zwölf Jahren ist sie Trainerin am Dolphin Reef – eine etwas irreführende Berufsbezeichnung, denn trainiert wird hier eigentlich niemand. Der 38-Jährigen und ihren Kollegen geht es nicht um abgerichtete Delfine, die durch Ringe springen oder ähnliche Kunststücke vorführen. Was hier zählt, ist das Prinzip Freiwilligkeit. „Nichts wird bei uns erzwungen", erklärt Tal. „Wir arbeiten an den Beziehungen zwischen Mensch und Tier. Und das geht nur mit Vertrauen und viel Geduld."

Standpunkt: Therapeutin Sophie Donio blickt vom Loungebereich aufs Meer

Fußvolk: Ein Delfin taucht unter einem der schwimmenden Stege ab

„Delfine sind keine Zirkustiere. Sie sind eigenständige, komplexe Persönlichkeiten"

Der Personalbereich der Anlage sieht aus wie eine paradiesische Version der Bauten in Kevin Costners Film „Waterworld": ein drei Stockwerke hohes Holzgerüst über dem türkisblauen Wasser, von Pflanzen umrankt und nach allen Seiten offen. Zwischen alten Sofas liegen Tauchequipment und Werkzeug, mehrere Katzen streunen über die Bohlen – ein buntes, lebendiges Durcheinander. Auch der Rest des Geländes wirkt wie eine Hippie-Kom-

mune, ergänzt um einen kleinen Strand zum Entspannen und Schnorcheln. Doch das Wesentliche spielt sich am Steg und an den Plattformen im Wasser ab. Vier Delfine leben hier, allesamt Große Tümmler. Das Gehege ist zur Bucht von Eilat hin offen, die Tiere können jederzeit raus.

Begonnen hat alles in den frühen Neunzigerjahren mit einer ersten Gruppe Delfinen, die aus einem russischen Forschungszentrum am Schwarzen Meer stammten. Hier in Israel sollten sie ein neues Zuhause finden. Das Projekt war erfolgreich, Nachwuchs stellte sich ein: die vier Tiere, die heute noch am Dolphin Reef leben. Inzwi-

schen zählt die Anlage zu den Hauptattraktionen des Urlaubsortes Eilat: Tag für Tag zieht es zahlreiche Touristen hinaus auf den Steg, die sehen wollen, wie die Weibchen Nana, Nikita und Luna sowie das Männchen Nio leben.

„Delfine sind keine Zirkustiere", sagt Tal. „Sie sind eigenständige, komplexe Persönlichkeiten. Das versuchen wir den Menschen zu vermitteln." Für Besucher wie Trainer bedeutet das vor allem eines: Geduld haben. An einigen Tagen herrscht Trubel im Wasser: Die Tiere jagen und spielen miteinander, sie paaren sich oder tragen Kämpfe aus – an manchen Tagen passiert aber auch kaum etwas.

Tal hält einen Schlüsselbund ins Wasser, an dem kleinere Metallringe befestigt sind: ihr akustisches Erkennungszeichen. Wenige Augenblicke später schaut eine ⟶

Kraulschwimmer: Tal Fisher begrüßt und streichelt Delfin Luna

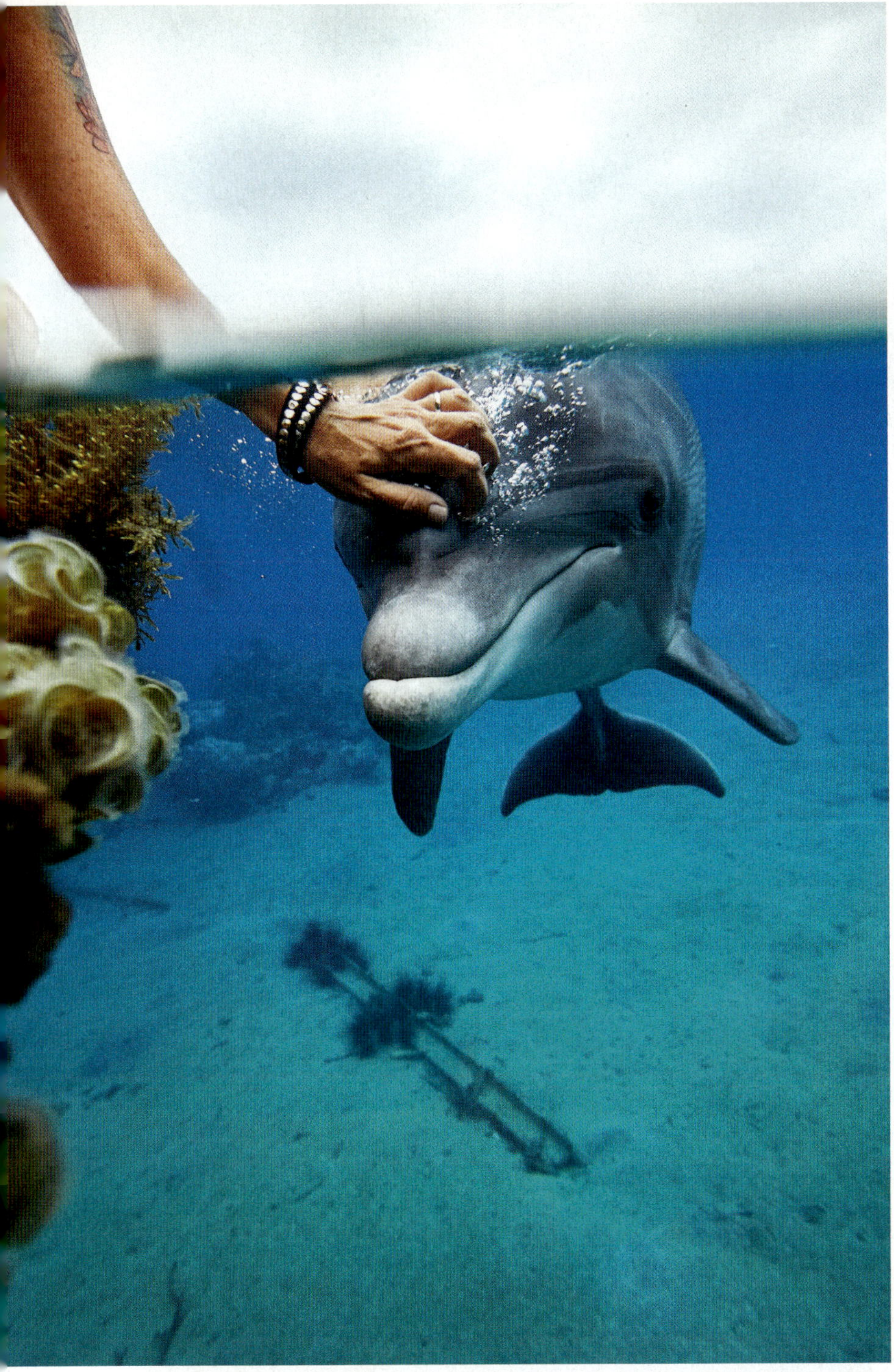

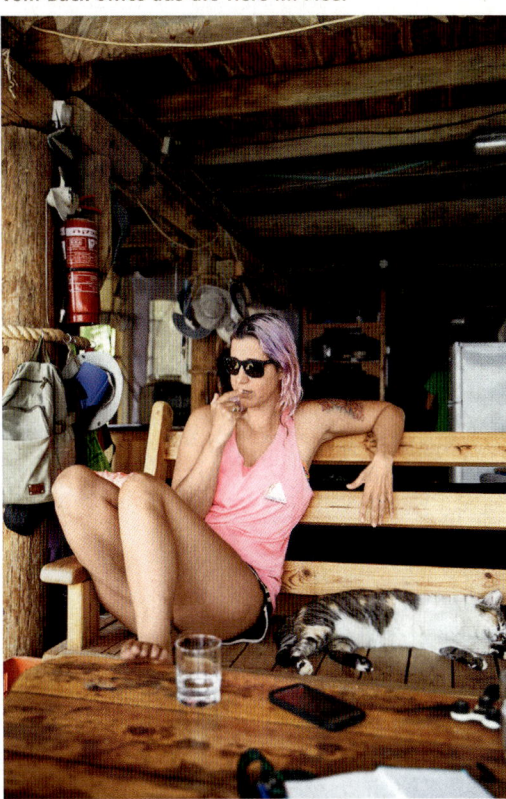

Bankwesen: Trainerin Tal Fisher beobachtet vom Back Office aus die Tiere im Meer

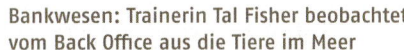

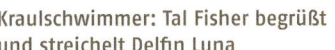

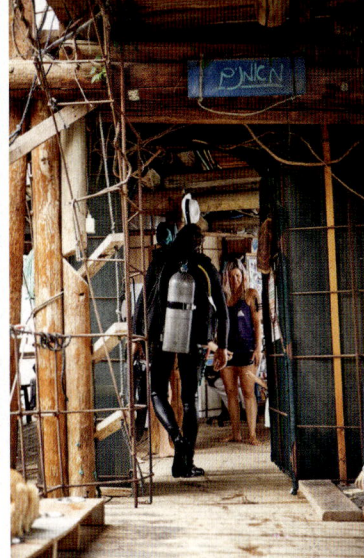

Tauchgang: Ein Teammitglied hat die Arbeit im Wasser beendet

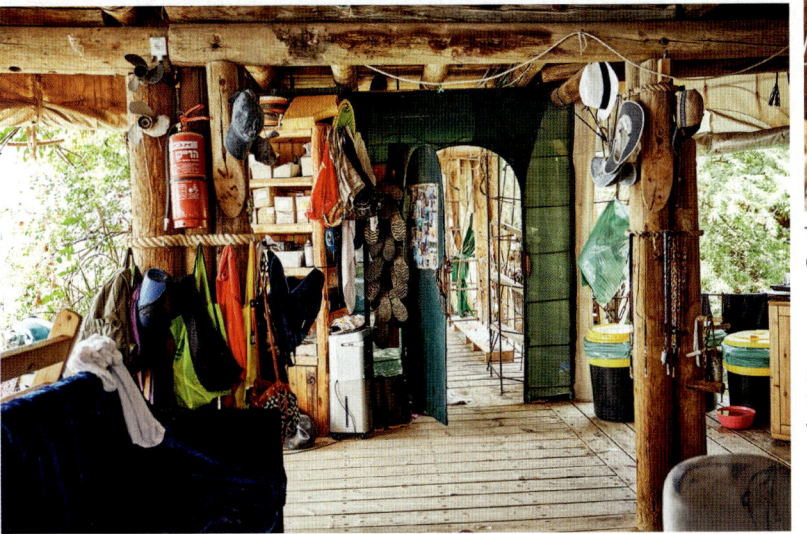

Ruhezone: Die Dolphin-Reef-Trainer können sich im Teambereich erholen, verpflegen und umziehen

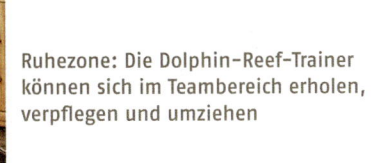

Hals über Kopf: Ein Trainer interagiert mit Nikita und erklärt dabei den Gästen das Sozialverhalten der Delfine

Bargeschäft: Restaurant und Lounge im oberen Stockwerk des Dolphin Reef

graue Nasenspitze aus dem Wasser. Es ist Luna, Tals Liebling: 17 Jahre alt, mit einem weißen Punkt auf der Rückenflosse. Ihren Namen erhielt sie, weil sie bei Vollmond geboren wurde. Jetzt ist Entspannung angesagt: Die Delfindame legt sich auf die Seite und lässt sich den Bauch kraulen.

Warum Luna ausgerechnet mit Tal enge Bande geknüpft hat? „Wir wissen nicht, warum ein Delfin den einen Trainer liebt und den anderen nicht", erklärt Tal. „Wir Menschen können auch nicht genau erklären, warum wir jemanden mögen oder nicht." Dabei haben sie es durchaus versucht: Eines der Tiere baute in seinem ersten Lebensjahr nur Beziehungen zu Blonden auf. Kaum hatte das Team daraus eine Theorie abgeleitet, machte der Delfin es anders und schwamm fortan am liebsten mit einem dunkelhaarigen Trainer.

Auch die Besucher können zu den Tieren ins Wasser. Aber es gibt keine Garantie dafür, dass sich die Delfine tatsächlich nähern. Als ich in meinen Neoprenanzug steige und Hand in Hand mit einem Tauchlehrer in die Tiefe gleite, habe ich Glück: Zwei der Delfine, Nikita und Nio,

„Wir wissen nicht, warum ein Delfin den einen Trainer liebt und den anderen nicht"

kommen mehrmals zum Anfassen nah. Doch die eiserne Regel lautet: „Don't touch!" Als ich trotzdem einmal kurz in Versuchung gerate und den Arm in Nikitas Richtung ausstrecken will, weist mich mein Begleiter sofort in die Schranken.

Hippie-Flair hin oder her – über jedes der Tiere wird genau Buch geführt. Nana verhält sich scheuer als sonst? Luna hat auf der Zunge mehr Belag als üblich? Jede noch so kleine Veränderung wird dokumentiert. Auch die Wissenschaft hat Interesse an den Delfinen: Meeresbiologen der Ben-Gurion-Universität haben eine Forschungs-

station am Dolphin Reef eingerichtet, um zu untersuchen, wie die Delfine miteinander kommunizieren.

Zwei Stunden nach meinem Tauchgang habe ich mich im Cafébereich niedergelassen. Die Sonne scheint durch das Dach aus Schlingpflanzen und lässt kleine, goldene Lichtflecken über den Holzboden tanzen. Aus einer Lautsprecherbox singen die Beatles ihr „Something", davor dösen zwei Katzen. Mir gegenüber sitzt Sophie Donio. Die Französin hat die Delfintherapie 1991 an diesen Ort gebracht. Bis zu 20 Kinder und Jugendliche werden jährlich in das Programm aufgenommen, viele autistisch oder hyperaktiv, manche haben posttraumatische Belastungsstörungen, etwa nach einem Missbrauchserlebnis.

„Jedes Kind kommt mit seiner eigenen Geschichte zu uns", erzählt Sophie, „und für jedes Kind entwickeln wir einen eigenen Therapieansatz. Mal geht es um die Fähigkeit, sich zu öffnen, mal geht es um Selbstvertrauen und Aufmerksamkeit." Hier wird den Kindern beigebracht, mit den Tieren zu interagieren. „Auch dabei wird nichts erzwungen. Alle Begegnungen müssen vom Delfin ausgehen. So lernen die Kinder auch Respekt und Geduld."

Später, als die Sonne schon hinter den Bergen verschwunden ist, stehe ich noch einmal unten am Steg. Das Meer ist nun smaragdgrün. Ich will gerade gehen, da geschieht es: Einer der Delfine springt in einem hohen Bogen aus dem Wasser. Fünfmal wiederholt sich das Schauspiel, dann liegt das Meer wieder ruhig da. Ich denke an das, was ich gelernt habe. Das Springen kann vieles bedeuten: Es kann Jagd- oder Balzverhalten sein, ein Spiel, ein Kampf. Aber vielleicht, denke ich mir, war es ja doch ein Abschiedsgruß. Wer kann das bei einem Delfin schon sagen? ⎯

⟶ Info Eilat ab Seite 64

Eintauchen. *Spektakuläre Unterwasserwelten und atemberaubende Wüstenlandschaften. Am Golf von Akaba, an der südlichen Spitze des Landes, findet man beides*

01

AUS DER REPORTAGE

Dolphin Reef Eilat

Die Anlage liegt rund 4 km südlich des Zentrums von Eilat am Highway 90. Neben dem Steg zur Delfinbeobachtung gibt es ein Aktivitätenzentrum für Kinder sowie ein Auditorium, wo Filme über die Tiere gezeigt werden. Schöner Strand, Bar und Loungebereich – hier ist der Zugang zu den Entspannungspools, in denen sich die Gäste bei Unterwassermusik treiben lassen können. Jeden Tag finden je fünf Schnorchel- und Tauchrunden statt, bei denen die Delfine (so diese wollen) aus nächster Nähe beobachtet werden können. Sowohl das Schnorcheln als auch das Tauchen dauert eine Stunde, wobei die Hälfte der Zeit auf die Einweisung und die Ausgabe der Ausrüstung entfällt. Vorkenntnisse sind nicht erforderlich. Für das Tauchen sollten Kinder mindestens acht Jahre alt sein.
88100 Eilat, PO Box 104
Tel. +972 (0) 8 / 63 00 1 11
Geöffnet So.–Do. 9–17, Fr.,
Sa. u. Feiertage 9–16.30 Uhr
Eintritt: Erw. 67 NIS,
Kinder bis 15 Jahre 46 NIS
Entspannungspools:
Mo.–Sa. 9–23.30, So. geschlossen. Ab 170 NIS
Schnorcheln: Erw. 290 NIS,
Kinder 260 NIS
Tauchen: Erw. 339 NIS,
*Kinder 309 NIS (J 5) ***
www.dolphinreef.co.il

MEER UND MEHR

Coral Beach Nature Reserve

Ebenfalls direkt am Highway 90 liegt dieser Strand, der von der israelischen Naturschutzbehörde verwaltet wird. Hier erstreckt sich eines der nördlichsten Korallenriffe der Welt. Über Holzstege gelangt man hinaus an die Riffkante, an der entlang man in zwei Abschnitten von 130 und 250 m wunderbar schnorcheln kann. Zu sehen gibt es Dutzende Fischarten, darunter knallbunte Picasso-Drückerfische, meterlange Muränen und die pfeilartigen Glatten Flötenfische. Im Eingangsbereich der gepflegten Anlage stehen Duschen, Umkleideräume, Toiletten und Schließfächer zur Verfügung, außerdem gibt es einen Laden, in dem eine Schnorchelausrüstung ausgeliehen oder gekauft werden kann.
Highway 90,
vis-à-vis Eilat Field School
Tel. +972 (0) 8 / 32 64 22
Geöff. Sa.–Do. 9–18, Fr. u.
vor Feiertagen 9–17 Uhr,
im Winter jeweils 1 Stunde
früher geschlossen
Eintritt: Erwachsene 35 NIS,
Kinder 21 NIS (J 5)
www.parks.org.il/sites/English/
ParksAndReserves/coralbeach

Red Canyon

Eine Wanderung durch ein ausgetrocknetes Flusstal, das sich immer tiefer in das

03

Gestein gräbt – schließlich steht man zwischen meterhohen Felswänden, die je nach Sonneneinfall alle Schattierungen von Grau über Braun bis Rot aufweisen. Stellenweise ist

der Canyon so eng, dass keine zwei Personen nebeneinander hindurchpassen. Einige Passagen können nur mithilfe von Haltegriffen und Trittstufen bewältigt werden. Dauer

Die Koordinaten beziehen sich auf die Übersichtskarte Seite 142

02

01 Versunken: Bunte Unterwasserwelt an den Korallen vor Eilat

02 Versteckt: Jungs bei der Vogelbeobachtung nahe der jordanischen Grenze

03 Verwegen: Spektakuläre Felsformationen im Timna-Park

04 Verwöhnt: Saftiges Sandwich in Omer's Restaurant

04

Fotos: Michela Morosini, Israelisches Tourismusministerium / Dafna Tal, Roni Balahasn, Shutterstock
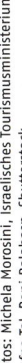

der Wanderung: eine bis anderthalb Stunden.
Red Canyon, Am Highway 12 – knapp 20 km nordwestlich von Eilat biegt rechts eine Schotterpiste zum Parkplatz ab (I / J 5)

Timna-Park
Die Wüste lässt sich auch im Timna-Park erleben. Eine Autoroute und Wanderwege durchqueren das Gelände, zu sehen sind Reste der ersten Kupfermine der Welt, prähistorische Felszeichnungen, ein künstlicher See und die Salomonischen Säulen, durch Erosion entstandene Felstürme. In der Mitte des Parks ragt der Mount Timna auf. Im Besucherzentrum wird ein Film gezeigt, der die Natur und Geschichte der Gegend erläutert (auf Nachfrage auch mit deutschen Untertiteln).
Die ausgeschilderte Abzweigung vom Highway 90 liegt etwa 25 km nördlich von Eilat Tel. +972 (0) 8 / 631 67 56 Geöff. So.–Do. 8–16, Fr. 8–15, Juli, August sowie vor Feiertagen bis 13 Uhr Eintritt: Erwachsene 44 NIS, Kinder 36 NIS (I 5) www.parktimna.co.il

Birding and Research Centre
Eilat ist eine wichtige Station für Zugvögel. Es gibt nördlich der Stadt noch Reste großer Feuchtgebiete mit Salzwiesen, in denen sich die Vögel auf ihren Flug über die Wüsten Nordafrikas vorbereiten können.
Anfahrt über Highway 90 – an der Abzweigung zur jordanischen Grenze (Yitzhak Rabin Border Crossing) der Beschilderung folgen Tel. +972 (0) 50 / 767 12 90 Geöffnet von Sonnenaufgang bis zur Dämmerung, außerhalb der Brutzeiten auch nachts; Infobüro geöffnet So.–Do. 8–16, im Frühjahr und Herbst tgl. 6–10 Uhr Geführte Touren 35 NIS (J 5) www.eilatbirds.com/en

ÜBERNACHTEN

Herods Vitalis Hotel Eilat
In Eilat sind die Preise für Zimmer von oft eher durchschnittlicher Qualität generell recht hoch. Die meisten Unterkünfte befinden sich in der Hotelzone am North Beach, so auch dieses 5-Sterne-Superior-Haus, das mit seinen Schwesterhotels Herods Palace und Herods Boutique einen gewaltigen Beherbergungskomplex formt. Über die pompöse Architektur lässt sich streiten, über die Qualität des Spa-Angebots nicht. Wer Wellness liebt, ist hier richtig. Allerdings sind die Preise in etwa so hoch wie der zu erwartende Erholungsfaktor.
88103 Eilat Hayam St. 8 Tel. +972 (0) 8 / 638 00 00 53 Zimmer und Suiten: DZ 1080–2080 NIS, inkl. Frühstück (J 5) www.herods-hotels.com

Orchid Hotel and Resort
Das Resort befindet sich außerhalb des eigentlichen Ortes, an einem Hang oberhalb des Underwater Observatory Marine Park und der Coral Beach Nature Reserve. Von hier bietet sich ein wunderbarer Blick auf den Golf von Akaba. Die gesamte Anlage ist im Thai-Stil gehalten, was einen hübschen Kontrast zur kargen Umgebung ergibt. Die Zimmer und Suiten könnten hier und da ein wenig Auffrischung vertragen.
88000 Eilat, South Beach Tel. +972 (0) 8 / 636 03 60 192 Zimmer u. Suiten: DZ ab 395 NIS, inkl. Frühstück, Villen ab 2100 NIS (J 5) www.orchidhotels.co.il/

RESTAURANTS

Omer's Restaurant
Unter Einheimischen – und oft auch zu einem besseren Preis-Leistungs-Verhältnis als in Hotels – kann man im Zentrum von Eilat speisen. Zum Beispiel in Omer's Restaurant: Eine gute Küche und eine herzliche, unprätentiöse Atmosphäre darf der Gast hier erwarten. Es gibt nur eine Handvoll Tische, wer keinen mehr bekommt, weicht auf die Barhocker aus. Fleischliebhaber, Vegetarier, Veganer – die Speisekarte bietet für jeden etwas. Aus frischen und geschmacklich sehr ausgewogenen Zutaten entstehen vorzügliche Sandwiches, Burger und Pfannengerichte (Hauptspeisen etwa 40 bis 60 NIS). Himmlisch: die Süßkartoffel-Pommes mit Limone, Koriander und selbst gemachten Soßen.
88000 Eilat Hatmarim St. 83 Tel. +972 (0) 8 / 652 16 46 Geöffnet So.–Do. 11–21 Uhr (J 5) www.omerseilat.co.il

Rak Dagim
Wer nach dem Fischeanschauen auch noch Fische essen möchte, ist im Rak Dagim gut aufgehoben. Die gemischte Fischplatte von Chefkoch Jacob Levy ist der Dauerbrenner unter den Gerichten, aber auch Dorade und Meeresfrüchte munden vorzüglich (Hauptspeisen ca. 100–120 NIS). Und da Fisch bekanntlich schwimmen soll, bestellt man beim freundlichen und aufmerksamen Personal am besten eine Flasche israelischen Weißwein dazu. Übrigens: Obwohl der Name des Restaurants übersetzt „Nur Fisch" bedeutet, gibt es hier auch Fleischgerichte.
88000 Eilat Tarshish St. 7 Tel. +972 (0) 8 / 633 74 50 Geöff. tgl. 13–23 Uhr (J 5) eilat.city/en/rak-dagim www.facebook.com/rakdagimrest

„Du hast einen Goldfisch hier, warum willst du weggehen?"

Der Schriftsteller Tuvia Tenenbom spricht mit der israelischen Einwanderungs-ministerin Sofa Landver über Migration, Integration und das Wesen der Juden

Dieser Tage, in denen Europa und vor allem Deutschland mit Fragen der Einwanderung und Integration ringt, weile ich in Tel Aviv und schaue mir die Menschen hier an. Ich blicke mich um, während ich durch die Straßen gehe, und sämtliche Farben des Regenbogens starren zurück. Während ich so durch die Stadt schlendere, vermitteln mir manche Viertel das Gefühl, ich sei in Afrika, während mich andere an Deutschland, New Jersey, Paris oder Neu-Delhi erinnern, um nur einige Vergleiche zu nennen. Und die Menschen, welch Überraschung, kommen bestens miteinander aus. Ich steige in einen Bus und denke einen Moment, dass ich gerade die Vereinten Nationen betreten habe, nur dass hier eine deutlich geistvollere Atmosphäre herrscht als auf jeder UN-Sitzung.

Wie haben diese Leute das hinbekommen?

Um etwas Licht in das Rätsel zu bringen, treffe ich mich mit der Person, die in Israel für die Immigration zuständig ist – mit Sofa Landver, der Ministerin für Einwandereraufnahme. Und ich stelle ihr einfach ein paar Fragen.

Wann die historisch wichtigste Einwanderung nach Israel stattgefunden habe, will ich wissen, um mit ihr ins Gespräch zu kommen.

„Für Israel ist jede Einwanderungswelle – ganz egal, wie groß und von wo – die wichtigste. Jede Einwanderung ist ein menschlicher und finanzieller Schatz für Israel."

Haben Sie keine bessere Antwort für mich?

„Nun, ich kann ergänzen, dass die massivste Einwanderung die von einer Million Menschen aus der ehemaligen Sowjetunion in den Neunzigerjahren war."

Und wer hilft den Neuzuwanderern dabei, sich in die Gesellschaft zu integrieren?

„Unser Ministerium."

Und wie tun Sie das?

„Als Erstes müssen die Menschen eine Sprachschule besuchen, damit sie Hebräisch lernen."

Wo bringen Sie die Leute nach ihrer Ankunft unter?

„Es gibt einige Aufnahmelager, zum Beispiel für Einwanderer aus Äthiopien, weil sie in großen Gruppen hier eintreffen. So war das auch damals bei den Menschen aus Russland. Andere Immigranten aber, die einzeln ankommen, entscheiden sich, in welcher Stadt sie leben wollen, und wir unterstützen sie dann auch finanziell."

Sie selbst sind aus der ehemaligen Sowjetunion eingewandert. Waren Sie in einem Lager?

„Ja. Und es war nicht leicht. Ich hatte davor in einem großen Haus in Czernowitz (in der Ukraine) gelebt, und als ich hierherkam, quartierten sie mich in einem 15-Quadratmeter-Zimmer ein. In jenen Tagen, das dürfen Sie nicht vergessen, war Sofa Landver nicht die Einwanderungsministerin!"

Wie war das damals?

„Ich besaß hundert Dollar. Das war alles. Ich hatte viel Schmuck mitgenommen, als ich aufbrach, aber mir wurde alles gestohlen. Einen Diamanten, einen sehr wertvollen, habe ich runtergeschluckt, aber nie wiedergefunden …"

In jenen Tagen, erzählt sie mir, sei das Leben in Israel sehr schwierig gewesen. Sie habe viel weinen müssen, und niemand sei da gewesen, um sie zu trösten, außer ihrem Mann, der mit ihr gekommen war. Sie habe in einem Aufnahmelager in der Stadt Aschdod gelebt, allein in einem kleinen Raum, mit hundert Dollar. „Mein Abstellraum damals in der Sowjetunion war um ein Vielfaches größer als meine Unterkunft in Aschdod."

Warum sind Sie nach Israel ausgewandert?

„Meinem Mann zuliebe. Er war Zionist!"

Wie haben Sie reagiert, als er Ihnen zum ersten Mal von seinen Auswanderungsplänen erzählte?

„Anfangs wollte ich das nicht. Und mein Vater sagte zu mir: ‚Du hast einen Goldfisch hier, warum willst du weggehen?' Aber ganz allmählich habe ich mich dann doch überzeugen lassen."

Sofa wanderte vor 38 Jahren nach Israel aus, und sie zeigt mir ein Foto von damals.

Sie sehen auf diesem Bild aus wie ein Model, sage ich zu ihr, eine echte Schönheit!

„Ja, das bin ich!", bekräftigt sie freudestrahlend.

Nehmen wir an, ich sei ein ausländischer Staatsbürger, der nach Israel einwandern möchte – wie würde ich da am besten vorgehen?

„Als Erstes wenden Sie sich an die Jewish Agency, sie hat Niederlassungen im Ausland. Sie stellt den Kontakt

Foto: Akg-Images / Anna Weise

zur richtigen Abteilung in der örtlichen israelischen Botschaft her, und ab dann wird mein Ministerium Ihnen helfen."

Manche sagen, die äthiopische Einwanderung nach Israel sei gescheitert. Stimmen Sie dem zu?

„Ich würde keine Einwanderung als gescheitert bezeichnen. Vergessen Sie nicht: Bei einem Vergleich der beiden Länder Israel und Äthiopien würde sich schnell zeigen, dass Israel Äthiopien um viele Jahre voraus ist. Deshalb haben die Menschen, die von dort kommen, viele Unterschiede zu bewältigen, und das braucht eben Zeit. Aber trotzdem kenne ich viele Äthiopier, die sehr erfolgreich sind in Israel."

In den vergangenen Jahren sind viele französische Juden wegen des Antisemitismus nach Israel ausgewandert. Und obwohl man sicher feststellen kann, dass alle französischen Einwanderer Juden sind, gilt dies nicht für die Immigranten aus der Sowjetunion; rund ein Drittel von ihnen sei nicht jüdisch, wie Sofa mir sagt. Darüber hinaus aber seien fast alle Neuzuwanderer Juden. Aus den Vereinigten Staaten emigrieren jedes Jahr rund 4000 Juden nach Israel, aus Deutschland hingegen kaum einer.

Mit diesen Gedanken im Hinterkopf frage ich die Ministerin, ob man fairerweise behaupten könne, dass einer der wichtigsten Gründe für den Erfolg der Integration in diesem Land der Tatsache geschuldet sei, dass die meisten Einwanderer Juden seien?

Vielleicht besteht das Wesen der Juden in der Gemischtheit. Also in dem, was Europa noch nicht ist

„Ja. Dies ist das Land der Juden. Ich war neulich in den USA, wo mein inzwischen verstorbener Mann und ich gute Freunde haben, und als ich nach Israel zurückkam, sagte ich: ‚Wir müssen die Erde dieses Landes küssen.' Ich habe inzwischen ein angenehmes Leben, immer noch in Aschdod, wenn auch in einem größeren Haus, aber es gibt Dinge im Leben, die sind viel wichtiger als Geld. Israel ist nicht perfekt, und es gibt manches, was geändert werden muss, aber es existiert kein besserer Ort für einen Juden als der jüdische Staat."

Ist nicht allein die Idee eines „jüdischen Staats" rassistisch?

„Muss ich Sie daran erinnern, was mit den Juden im Zweiten Weltkrieg geschah, als sie keinen eigenen Staat hatten?"

Wollen Sie mir sagen, es gebe kein Israel ohne den Holocaust?
„Genau."

Wenn ich Sie recht verstehe, müssen Juden eine brutale Wahl treffen: rassistisch sein oder ins Krematorium gehen.

„Das würde ich nicht sagen. Was ich aber sagen würde, ist: Die Deutschen haben ihren Staat, Deutschland; die Briten haben ihren Staat, Großbritannien; und die Juden haben Israel."

Aber Sie kennen den heutigen Zeitgeist: Jeder sollte überall leben können …

Ich verlasse das Büro der Ministerin und fahre nach Jaffa, wo ich in dem berühmten arabischen Restaurant „The Old Man and the Sea" einkehre. Von Hemingway gibt es hier keine Spur, dafür aber Hunderte von Menschen, die schon beträchtliche Zeit in einer endlosen Schlange auf einen Platz warten. Es sind Juden und Araber, und in diesem Restaurant sitzen sie alle zusammen, lassen sich das gleiche Essen schmecken und vermischen sich aufs Artigste miteinander.

Mit Ausnahme jener Damen, die einen Hidschab tragen, kann ich nicht sagen, wer hier Jude ist und wer Araber. Einige Juden, so höre ich, sind zufälligerweise auch Araber. Vielleicht, überlege ich, besteht das Wesen der Juden in dieser Gemischtheit. Also in dem, was Europa nicht ist – zumindest noch nicht. ——

Aus dem Englischen von Michael Adrian

TUVIA TENENBOM, 1957 in Tel Aviv geboren, stammt aus einer deutsch-jüdisch-polnischen Familie. Er lebt seit 1981 in New York und arbeitet als Buchautor, Journalist und Dramatiker. 1994 gründete Tenenbom das Jewish Theater of New York

Nach 30 Jahren kehrt der Rabbinersohn zurück in seine frühere Heimat. „Allein unter Juden – Eine Entdeckungsreise durch Israel", Suhrkamp-Taschenbuch, 9,99 €

Immer alles für alle

Im Kibbuz leben und arbeiten längst nicht mehr nur an nostalgischen Idealen hängende Landwirte. Das Kollektiv Ketura ist schon lang auch das Zuhause von Forschern und Studenten

TEXT: Gero Günther
FOTOS: Michela Morosini

מקלט

Weltbank: Israelische, arabische, amerikanische und europäische Studierende büffeln am Umweltinstitut des Kibbuz Ketura – auch das gemeinsame Essen verbindet

Hall inclusive: In Keren Kolot, dem Guesthouse Keturas, quartieren sich Einzelgäste und Gruppen ein. Da kann es im Speisesaal schon mal laut werden

David Factor spießt ein Stück Tomate mit der Gabel auf: „Hier sind wir im Herzen des Kibbuz. Beim gemeinsamen Essen spürt man vielleicht am besten, was uns ausmacht."

Es ist laut im Speisesaal. Kinder sausen zwischen den Tischen herum, Tabletts klappern, die Gespräche von mehr als 200 Personen vermischen sich. Nicht umsonst bedeutet das hebräische Wort Kibbuz „Zusammenkunft". Der Mann mit dem Strohhut spricht schnell. David Factors Gedanken sprudeln über den Tisch. Er erzählt von seiner Kindheit in New York, der Auswanderung und der Arbeit als Lehrer und Erzieher. „Dass ich in diesen Kibbuz gekommen bin, ist die größte Errungenschaft meines Lebens", sagt er.

Ich muss an meine eigenen Erfahrungen denken. Vor rund 30 Jahren habe ich in einem Kibbuz gelebt, ein paar Monate lang Bananen, Zitronen und Avocados geerntet, schmutzige Töpfe gespült, Bunker ausgefegt – eine gute Abwechslung nach der Schule. Damals, vor dem ersten Palästinenseraufstand im Jahr 1987, war es recht verbreitet, als Freiwilliger in einem Kibbuz zu arbeiten. Die israelischen Kollektivsiedlungen waren ja nicht nur eine zentrale zionistische Institution, sondern auch ein realsozialistisches Experiment. Im Kibbuz, das wussten wir, gehört alles allen, Entscheidungen werden basisdemokratisch gefällt, Geld spielt keine Rolle. So war es zumindest damals.

Wirtschaftskrisen und gesellschaftliche Umwälzungen indes haben der Bewegung schwer zu schaffen gemacht. Zahlreiche Jugendliche wanderten ab. Inzwischen haben drei Viertel der etwa 270 verbleibenden Kibbuze ihre Häuser privatisiert. In

Bei jungen Familien liegen die Kibbuze als Wohnort wieder voll im Trend

diesen sogenannten Kibbuzim mithadesh („erneuerten Kibbuzen") werden Gehälter gezahlt, sind Privatautos zugelassen, wird die Dininghall nur noch in Ausnahmefällen benutzt.

Tot ist die Kibbuzidee deshalb noch lang nicht, und tatsächlich ziehen gerade junge Familien heute gern wieder in die Siedlungen mit ihren Gärten, Kinderein-

Aus dem Off: Eine Besucherführung im Off Grid Village. Es demonstriert, wie sich Kommunen netzunabhängig mit Energie versorgen können

Risiko Factor: Wer vom auskunftsfreudigen David Factor geführt wird, läuft Gefahr, seinem geplanten Programm hinterherzuhinken

Wandelklima: Nadav Solowey erklärt, wie sich Gebäude ohne Energieverbrauch kühlen lassen

richtungen und einer meist vorbildlichen Altenpflege. „Ketura gehört zu den Kibbuzen", sagt David Factor, „in denen noch sozialistische Grundprinzipien gelten." Zum Glück. Schließlich wollte ich eine Gemeinschaft erleben, die auch im Jahr 2017 noch eine radikale Alternative darstellt.

Die Wüste beginnt hinter den Häusern des Kibbuz Ketura. Auf der einen Seite sprießt Gras, wachsen Oleanderbüsche, Palmen und Akazien, außerhalb des Zauns flirrt die Hitze über dem Geröll. „Zur Besiedlung ist das Land eigentlich ungeeignet", sagt David. Kein Wunder, dass die meisten Menschen in diesem Landstrich Kibbuzniks sind – Menschen mit Durchhaltevermögen und klaren Prinzipien.

Während ich Auberginenpüree löffele, erinnert mich David Factor an die Fundamente der Kibbuzbewegung. →

Rumdatteln: Wie überdimensionale Spielzeugautos wirken die Hubfahrzeuge zwischen den 9000 Bäumen in Ketura. Deren Steinfrüchte sind die wichtigste Einnahmequelle des Kibbuz

Das gemeinsame Essen zählte schon immer zu den wichtigsten Regeln der sozialistischen Gemeinschaftssiedlungen. Ein weiteres Grundrecht ist das freie Wohnen. „Mir gehört nicht das Haus, in dem ich mit meiner Familie lebe", erklärt der 57-Jährige, „sondern ein Bruchteil aller Häuser im Kibbuz." Auch die Gesundheitsversorgung deckt der Kibbuz ab, und jedes Kind hat das Recht auf eine Ausbildung seiner Wahl. Im Gegenzug fließt alles, was die Mitglieder erwirtschaften, in einen Topf. „Nach innen sind wir Sozialisten", fasst es David zusammen, „nach außen treten wir als kapitalistisches Unternehmen auf." Ketura betreibt Landwirtschaft, beherbergt Touristen und Jugendgruppen, verfügt über ein Ökoinstitut, eine Algenzucht, Sozialeinrichtungen und Dienstleistungsunternehmen.

Nadav Solowey führt mich durch die landwirtschaftlichen Betriebe des Kibbuz. Nadav sieht aus wie ein Indianer, drahtig, braun gebrannt, lange, dunkle Locken. Der 42-Jährige ist der Sohn von Gründungsmitgliedern, er war das erste Kind, das im Kibbuz geboren wurde. Wie die meisten Jugendlichen verließ er die Siedlung nach dem Militärdienst, vor vier Jahren kam er nach Ketura zurück. Heute hat er selbst vier Kinder und vielfältige Aufgaben.

Die Dattelplantage mit ihren 9000 Palmen ist die wichtigste Einkommensquelle des Kibbuz. „Die Nachfrage nach hochwertigen Medjoul-Datteln ist enorm", meint Nadav. „Die Palmen sind derzeit eine wahre Gelddruckmaschine." Bis zu 23 Meter hoch sind die Pflanzen. Geerntet werden die Früchte mithilfe von Hubfahrzeugen. Die ersten Jungpflanzen wurden damals, so

Nadav, ausgerechnet an dem Tag angeliefert, als seine Eltern heiraten wollten. Das Brautpaar und die Gäste mussten deshalb kurz vor der Zeremonie noch einmal in die Arbeitskleidung wechseln.

Fast alle Kibbuze wurden von jungen Leuten gegründet. Das war schon 1910 so, als der erste in den Fiebersümpfen des Sees Genezareth aufgebaut wurde. Einige der Einwanderer waren erst 17 Jahre alt. Der Kibbuz Ketura in der Arava-Wüste wurde von jungen amerikanischen Juden ins Leben gerufen, die nach Israel ausgewandert waren. 1973 gab es hier nur einen Militärposten. Brunnen mussten gegraben, Felder angelegt, Bewässerungssysteme installiert werden, ehe man an ein Leben in der Wüste denken konnte.

Neben den Dattelpalmen liegt, direkt am jordanischen Grenzstreifen, eine von

Ab in die Kiste: Besonders begehrt ist die Dattelsorte Medjoul. Im Orient gelten die Früchte als natürliches Aphrodisiakum

Gut drauf: Für die Ernte, die zum großen Teil Handarbeit bedeutet, hat sich Alon Offer so richtig auf die Palme bringen lassen. Bis zu 23 Meter hoch wachsen die uralten Kulturpflanzen

zwei großen Fotovoltaikanlagen, die dem Kibbuz gehören. Schon bald soll der gesamte Strom für die Region aus solchen Solarparks stammen. Grüne Technologien scheinen in der Wüste besonders erfolgreich zu gedeihen. „Wir leben in einer

möglichkeiten der Wüstenpflanzen. Vor einigen Jahren hat sie sogar eine Palme aus 2000 Jahre alten Samen gezüchtet, eine botanische Meisterleistung.

„Methusala", wie die Pflanze genannt wird, wächst vor dem Eingang des Arava

wir hier Truthähne gehalten", sagt Tali Adini, Direktorin des „Eco Path"-Programms. In den Semesterferien sind nur wenige Räume besetzt, aber bereits mehr als 1000 Studenten haben das Kursangebot durchlaufen.

Gerade für grüne Technologien ist die Wüste ein besonders erfolgreiches Experimentierfeld

schwierigen Umwelt", sagt Nadav, „und Datteln sind anfällige Pflanzen. Wir tun gut daran, nach Alternativen zu suchen."

Dieser Suche widmet sich Nadavs Mutter Elaine Solowey. Die Agrarbiologin hat eine Versuchsplantage aus Myrrhe- und Weihrauchsträuchern, Marula- und Arganbäumen angelegt. Elaine experimentiert mit Anbau und innovativen Verwertungs-

Institute for Environmental Studies. Die kibbuzeigene Forschungs- und Ausbildungsstätte ist eine im Nahen Osten einzigartige Institution. Die Studierenden stammen zu je einem Drittel aus Israel, der West Bank und umliegenden arabischen Ländern sowie Nordamerika und Europa. Peacebuilding und Ökologie gehören im Arava-Institut zusammen. „Früher haben

Manch ein arabischer Teilnehmer, so Tali, verheimliche seinen Aufenthaltsort vor den Eltern. Ein Studium beim Erzfeind? Undenkbar! „Wo kommt es schon vor, dass jüdische und muslimische Jugendliche sich ein Zimmer teilen?!" Ehe Tali Adini mit ihrem Mann in den Kibbuz zog, lebte sie als Biobäuerin in den USA. „Unser Schlafzimmer war so groß wie das gesamte Haus hier in Ketura." Ob sie die Farm vermisse? „Selten", sagt sie – dann muss die 49-Jährige zum Arabischkurs.

Auch ein Kibbuz wie Ketura hat sich mit der Zeit verändert. „Früher ⟶

Kühlmittel: Am Pool erholen sich nicht nur die ständigen Bewohner des Kibbuz von der Arbeit – er steht auch den Übernachtungsgästen zur Verfügung

Tuchfühlung: Seit Jahrzehnten schon lebt Sara Cohen in Ketura. Die Theologiestudentin bereitet sich in der Synagoge auf ihre künftige Rolle als Rabbinerin vor

kannte jeder jeden", erzählt Sara Cohen, die seit den Achtzigerjahren in Ketura lebt, „heute gibt es Menschen mit ganz unterschiedlichen Status im Kibbuz." Neben Vollmitgliedern sind das Anwärter und Residents, die für ihr Wohnrecht bezahlen. Dazu kommen erwachsene Kinder von Mitgliedern, Absolventen von Integrationsprogrammen für Juden aus Russland und Kirgisistan und die Arava-Studenten.

„Es ist nicht mehr so intim", findet Sara, außerdem sei man nicht mehr so stark in die Landwirtschaft eingebunden wie früher. Aber Veränderungen seien nun mal normal. Früher habe man sogar festgelegt, wie viele Hosen jemand besitzen sollte. „Stell dir vor, wie seltsam das für einen war, der mit Shoppingmalls in New Jersey groß geworden war", meint Sara mit einem verschmitzten Lächeln.

Aus zweiter Hand: Das Arava Institute ist die kibbuzeigene Umweltforschungs- und Ausbildungsstätte. In seinen Gewächshäusern werden die Pflanzen mit aufbereitetem Brauchwasser gegossen

Die 54-jährige Sara Cohen sitzt an einem Schreibtisch in der Bibliothek des Kibbuz. Sie studiert Theologie, demnächst wird sie zur Rabbinerin ordiniert werden. Freiheit und Einschränkung, sagt sie, lägen im Kibbuz oft nah beieinander. Die geld-

In Ketura können die Bewohner sich entfalten – und auch ein bisschen die Welt verändern

freie, egalitäre Kibbuz-Gesellschaft basiert auf Hunderten von Normen, die ständig angepasst werden müssen. Es gibt sogar einen Ausschuss, der sich mit Themen wie Schwangerschaftsabbruch oder Drogenabhängigkeit beschäftigt. „Bei uns muss vieles geregelt werden", sagt Sara, „aber wir haben auch eine sehr gute Diskussionskultur." Langweilig sei der Alltag im Kib-

buz auf keinen Fall. „Ich empfinde mein Leben als sehr intensiv."

Die Mitglieder von Ketura reden gern über ihre Lebensentwürfe – im Pool, in der Cafeteria oder der Dininghall, wo an diesem Abend Sabbat gefeiert wird. Manche meiner Gesprächspartner sind Professoren, andere Gärtner, Pflanzer oder Ökologie-Experten. „Aber zusätzlich sind wir alle eben auch Kibbuzniks", sagt David Factor, mit dessen Familie ich am Tisch sitze. Das heißt: Jeder muss regelmäßig Wach- und Küchendienst leisten, jeder sitzt in verschiedenen Gremien und stimmt regelmäßig über die Zukunft des Kibbuz ab.

Zur Feier des Tages sind die Tische mit blauen Tischtüchern eingedeckt. Die Sonne ist über den Hügeln verschwunden, draußen herrschen noch weit über 40 Grad. Vor dem gemeinsamen Mahl gibt ein Kibbuznik die Neuigkeiten der vergangenen Woche bekannt. Es wird geklatscht. Die Menschen wünschen sich einen schönen Sabbat. Dann werden die Speisen verteilt.

Stärker als vor 30 Jahren empfinde ich, wie sehr der Alltag der Kibbuzniks vom Leben einer bürgerlichen Familie abweicht. Das Kollektiv hat diese Menschen fest im Griff, aber es gibt ihnen auch Sicherheit, Würde und Autonomie. „Im besten Fall sind wir eine echte Dream Factory", sagt David. „Hier können sich Menschen entfalten, Ideen einbringen – und auch ein bisschen die Welt verändern." ⎯⎯

→ *Info Kibbuze ab Seite 76*

01

Genuss mit Genossen. *Die einst sozialistische Idee von Teilhabe und Gemeinschaft lebt weiter. Viele Kibbuze sind wirtschaftlich erfolgreich, und viele heißen auch Gäste willkommen*

AUS DER REPORTAGE

Ketura
Der Kibbuz bietet Übernachtungsmöglichkeiten in seinem Guesthouse Keren Kolot an. Die einfachen, aber großen Zimmer verfügen über eine Küchenzeile mit Kühlschrank. Der herrliche Pool des Kibbuz darf mitbenutzt werden. Keren Kolot wird vor allem von Gruppen besucht, steht aber auch einzelnen Gästen und Familien zur Verfügung. Man kann das Gelände auf eigene Faust erkunden oder sich einer Tour anschließen.
*88840 Hevel Eilot
(nördl. v. Yotvata)
Tel. +972 (0)5/39 41 91 09
44 Zimmer: DZ ab 420 NIS
(I 5) * www.keren-kolot.co.il*

FÜR GESTRESSTE

Nof Ginosar Hotel & Village
Am Ufer des Sees Genezareth, unweit von Tiberias, liegt das große Hotel des Kibbuz. Es verfügt über 168 komfortable Zimmer, schöne Gartenanlagen und einen Swimmingpool. Darüber hinaus gibt es ein Feriendorf mit 75 Zimmern in kleinen Bungalows. Im Yigal Allon Centre auf dem Kibbuzgelände ist ein sorgfältig konserviertes, 2000 Jahre altes Fischerboot zu sehen, das im Uferschlamm des Sees gefunden wurde.

*14890 Ginosar
Tel. +972 (0)4/670 03 20
168 Zimmer: DZ ab 503 NIS
(B 4) german.ginosar.co.il*

Nir David
Country Lodge & Museum
In dieser Lodge wohnen die Reisenden in komfortablen, hölzernen Cottages in einer herrlichen Parkanlage. Dass es hier früher einmal ganz anders aussah, kann man in Nir David eindrücklich nachempfinden: An die entbehrungsreichen Anfänge und die „Turm-und-Palisaden-Siedlungen" erinnert ein Museum, in dem man vieles anfassen und ausprobieren darf. Angesichts von Stacheldraht und Wachtürmen kommen dabei allerdings mulmige Gefühle auf.
*10803 Nir David
(bei Bet Alfa)
Tel. +972 (0)4/648 85 25
50 Hütten ab 690 NIS/Pers.
im DZ. Museum geöffnet
Sa.–Di. 10–14 Uhr
(C 4) www.nirtours.co.il/en*

Inbar Country Lodging
Weitläufige Rasenflächen, Grillplätze und 18 schlichte, gemütliche Zimmer bietet die B & B-Ferienanlage im kleinsten Kibbuz des Landes. Das herzhafte Frühstück wird in der Dininghall serviert.
*20107 Inbar
(südwestl. v. Safed)
Tel. +972 (0)4/698 73 02
DZ ab 244 NIS
(B 4) inbar.co.il*

02

FÜR SPORTLICHE

Elifaz
Wer vorhat, den Timna-Nationalpark zu besuchen, ist in den Bungalows des Kibbuz Elifaz perfekt untergebracht. Die Gäste können die schattigen Gartenanlagen und einen Pool mitbenutzen. Der Eingang des Nationalparks ist nur wenige Kilometer entfernt. Lassen Sie sich unbedingt das beeindruckende „Five Senses Greenhouse" zeigen. Der Kibbuznik Yaron Deeri bietet ein- und mehrtägige Mountainbike-Touren in der Arava- und Negev-Wüste an. Yaron hat viele Trails selbst entwickelt. Ein Biketrip durch den Timna-Nationalpark mit seinen Canyons, Felsformationen und archäologischen Stätten ist unvergesslich. Bike Samar verfügt über Leihräder und Equipment.
*88812 Eilat
Tel. +972 (0)8/635 62 30 (I 5)
elifaz.co.il
samarbike.com*

Die Koordinaten beziehen sich auf die Übersichtskarte Seite 142

03

04

01 Begrünt: Die Wüste lebt – weil der Kibbuz Ketura so gut wirtschaftet

02 Bewegt: Der Kibbuz Elifaz ist Ausgangspunkt für eine Biketour im Negev

03 Bewahrt: Ein 2000 Jahre altes Boot aus dem See Genezareth in Ginosar

04 Bewehrt: Nir David hat eine Vergangenheit als „Turm- und Palisadensiedlung"

Merom Golan

Der Kibbuz entstand nach der Eroberung der Golanhöhen in einsamer Bergwelt auf 1000 m über dem Meeresspiegel. In Merom Golan wird Obst angebaut und Blumentopferde aus Vulkangeröll hergestellt. Die Ferienanlage, bestehend aus steinernen Bungalows, ist geschmackvoll und komfortabel. Das Restaurant genießt einen hervorragenden Ruf. Hier gibt es das Coffee Annan, das höchstgelegene Café Israels. Der Kibbuz bietet Reiterferien und Ausflüge in die Region an.
12436 Golan Heights (nördl. v. En Ziwan) Tel. +972 (0) 4 / 696 02 67 124 Zimmer: DZ ab 420 NIS (A 5) english.meromgolantourism.co.il

FÜR GENIESSER

Lotan

Im Eco-Guesthouse des Kibbuz Lotan zu wohnen lohnt sich schon des Frühstücks wegen. Man nimmt es nicht im Speisesaal ein, sondern in einem gemütlichen Kuppelbau aus Lehm. Im Teehaus gibt es fantastische Müslis, Salate und vegetarische bzw. vegane Speisen (vornehmlich aus eigenem Anbau). Wer sich für ebenso einfache wie innovative ökologische Lösungen interessiert, kann eine Tour durch das Center For Creative Ecology mitmachen oder sich für einen Kurs anmelden und Faszinierendes über traditionelle Bauweisen, effiziente Kompostierung, das Kochen mit Sonnenenergie oder Bewäs-

serungsmethoden lernen. Lotan nimmt jeweils 10 bis 20 Studenten aus aller Welt für Ökoprojekte (Green Apprenticeships) auf.
888550 Hevel Eilot (nördl. von Yotvata) Tel. +972 (0) 5 / 49 79 90 30 24 Zimmer: DZ ab 420 NIS (I 5) kibbutzlotan.com

Yotvata Park

Jeder Israeli kennt die Schokomilch aus der Molkerei des Kibbuz Yotvata. Der Wüstenkibbuz wurde 1956 gegründet und gehört zu den wirtschaftlich erfolgreichsten, obwohl er seinen sozialistischen Prinzipien stets treu geblieben ist. Yotvata ist ein beliebter Zwischenstopp auf dem Weg nach Eilat, eine Art Autobahnraststätte mit gigantischer Eisdiele und Milchbar. Außerdem gibt es einen Hightech-Themenpark und einen Shop rund um die Molkereiprodukte. Keine Übernachtung.
Tel. +972 (0) 8 / 635 64 36 Geöffnet So.–Do. 10–18, Sa. 10–16 Uhr (I 5) yotvatapark.co.il

FÜR KUNSTFREUNDE

Neot Semadar

Wie eine von Hundertwasser gestaltete, riesige Shisha sieht das Arts Center mit seinem hohen Wassertum aus. Werkstätten und ein Laden für Kunsthandwerk sind in dem bizarren Gebäude untergebracht. Neot Semadar ist ein exzentrischer, aber entspannter Biokibbuz. Beim gemeinsamen Mittagessen wird geschwiegen, alle Felder werden ökologisch bewirtschaftet, das angeglie-

derte Gut stellt Biowein her. Nach Anmeldung ist eine spannende Tour über das Gelände buchbar. Außerhalb des Gebiets befindet sich das hervorragende Restaurant Pundak, in dem es Kaffee, Honig, Wein, Olivenöl und Dattelsirup aus eigener Produktion zu kaufen gibt.
70 km nördlich von Eilat Tel. +972 (0) 54 / 979 84 33 12 DZ ab 420 NIS (H 5) neot-semadar.com

Ein Harod

Als das Mishkan-Museum 1948, im Jahr der israelischen Staatsgründung, auf dem Gelände des Kibbuz Ein Harod eröffnet wurde, gehörte es weltweit zu den ersten Kunsthallen, die indirektes Sonnenlicht nutzten. Entworfen wurde es von Samuel Bickels, einem Architekten, der aus Lemberg stammte und Dutzende von Kibbuzen baute. Architekten aus aller Welt feierten das Gebäude als wegweisend, heute wird es oft übersehen. Das Museum beherbergt wertvolle Judaica, jüdische (und israelische) Kunst seit dem 19. Jahrhundert. Hochkarätige Wechselausstellungen zeitgenössischer Kunst ergänzen das Programm.
Mishkan Museum of Art (nordwestl. von Bet Alfa) Tel. +972 (0) 4 / 648 60 38 Geöffnet So.–Di. 9–16.30, Fr. 9–13.30, Sa. 10–16.30 Uhr (C 4) museumeinharod.org.il

Glauben und viel Wissen

Das Judentum birgt unzählige Riten und Rätsel. Die religiöse Bandbreite reicht von den gottesfürchtigen Ultraorthodoxen bis hin zu den lebensfrohen Säkularen. Wir erklären, was es mit Schtreimel, Chanukka, Sabbat und den 613 Mizwot auf sich hat

TEXT: Elke Satzger

Gut behütet

Laut einem Gebot der Thora soll das Haar bedeckt sein. Ultraorthodoxe männliche Juden sind an ihrem Hut zu erkennen, doch auch weniger fromme Juden besitzen eine Kippa, die zumindest in der Synagoge aufgesetzt werden muss. Verheiratete Frauen sollten ihr Haar mit Kopftuch, Hut oder einer Perücke bedecken, strenggläubige Frauen scheren sich sogar das Haar

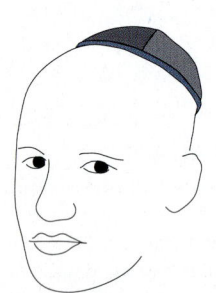

Kippa
Scheitelkäppchen, die es in verschiedenen Farben, Mustern und Stoffen gibt

Schtreimel
Festlicher, runder Hut aus Samt mit einem breiten Pelzrand aus Zobelschwänzen

Homburg
Hut der hohen Gelehrten und Rabbiner – war Lieblingshut von Konrad Adenauer

Fedora
Der auch „Kneitsch" genannte Hut ist aus weichem Filz und sehr weit verbreitet

Chanukka

Menora

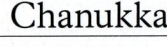

5778

lautet die aktuelle Jahreszahl, denn dem jüdischen Glauben zufolge erschuf Gott die Welt im Jahr 3761 v. Chr. Das nächste Neujahrsfest (Rosch Haschana) findet am 10./11. September 2018 statt.

Es werde Licht!
Sieben Arme hat der Menora-, neun der Chanukka-Leuchter (mit der neunten Kerze werden die anderen entzündet). Während Ersterer keinem religiösen Zweck dient, erfüllen die Kerzen des Chanukka-Leuchters beim gleichnamigen Lichterfest eine kultische Funktion.

613 Mizwot (Regeln) beherrschen das alltägliche und religiöse Leben frommer Juden. Sie bestehen aus 248 Geboten und 365 Verboten und geben Verhaltensregeln vor für jüdische Feste, den Sabbat, für Gebete, Hochzeiten, Kleidung, Beerdigungen, Beschneidungen und auch für Speisen und deren Zubereitung. Besonderes Gewicht in den Mizwot hat das Thema Nächstenliebe. Alle Ge- und Verbote entstammen der Thora.

Ganz koscher

Als reine Tiere gelten wiederkäuende Paarhufer, domestiziertes Geflügel sowie Fische mit Flossen und Schuppen. Fleisch und Milch dürfen nicht zusammen gegessen werden. Der Verzehr von Blut ist verboten, sodass Tiere geschächtet werden müssen. Unrein, also nicht koscher, sind: Schweine, Hasen und Bienen – Honig aber ist erlaubt.

Haarig

Ob gestutzte Koteletten, gedrehte Spiralen oder schulterlange Zotteln: Die Bandbreite der Schläfenlocken (Pejes) bei den Ultraorthodoxen ist groß. Der Hintergrund dafür findet sich im 3. Buch Mose: *„Ihr sollt nicht abnehmen die Seitenecken eures Haupthaares."*

800 000

der rund **8,5 Mio. Israelis** sind **strenggläubige Juden,** Tendenz steigend. Sie warten auf den Messias, widmen ihr Leben Gott, sind oft nicht erwerbstätig und leisten keinen Militärdienst. Ihr Auskommen ist durch staatliche Gelder, Stiftungen und Stipendien gesichert. Viele Ultraorthodoxe leben etwa in Mea Shearim, einem der ältesten Stadtviertel Jerusalems.

Mehret euch!

Getreu dem Thora-Gebot „Seid fruchtbar und mehret euch" besitzt eine strenggläubige Familie im Schnitt sieben Kinder, oft auch mehr. Säkulare Juden haben etwa zwei bis drei Kinder.

Am dritten Geburtstag werden dem Sohn einer strenggläubigen Familie bei der Zeremonie des „Upscheren" erstmals die Haare geschoren – ausgenommen die Schläfenlocken.

Der Sabbat (Samstag) ist im Judentum der siebte Wochen- und gesetzliche Ruhetag, an dem sich laut Thora der Mensch besinnen soll. Er beginnt freitags mit Sonnenuntergang, endet 24 Stunden später und wird mit speziellen Ritualen (Speisen, Gebeten, Kerzen) und dem Verbot von 39 Hauptarbeiten gefeiert; das öffentliche Leben ruht samt Nahverkehr. Wie strikt andere Regeln beachtet werden, hängt vom Grad der Frömmigkeit ab. Orthodoxe dürfen z. B. keine elektrischen Geräte aktiv bedienen, inklusive Handy, Computer, Fotoapparat, Aufzüge und Herd: Abhilfe schaffen etwa Herde mit Sabbat-Modus zum automatischen Aufwärmen von Speisen.

JÜDISCH 81 %

Traditionalisten (nicht strikt ultraorthodox) 23 %

Reformjuden (modern-orthodox) 10 %

Ultraorthodoxe (strenggläubig) 8 %

Muslime 14 %

NICHT JÜDISCH 19 %

Sonstige 1 %

Drusen 2 %

Christen 2 %

Säkulare Juden 40 %

Unglaublich

Eine Untersuchung des PEW Research Center hat ergeben, dass etwa 20 Prozent aller israelischen Juden überhaupt nicht an Gott glauben. Das entspricht also rund 1,4 Mio. Atheisten in Israel.

Quelle: PEW Research Center

Gott und die Welt

In Jerusalem lassen sich 4000 Jahre Geschichte und die Heiligtümer von
drei Weltreligionen in ein paar Stunden besichtigen. Das verändert manche Besucher –
prägt aber vor allem die Menschen, die in der Heiligen Stadt leben

TEXT: Christian Heinrich
FOTOS: David Vaaknin

Hier also soll es passiert sein, das, was eigentlich unmöglich ist. In einer kleinen Kammer knien in schummrigem Licht zwei Frauen vor einer knapp zwei Meter langen, hellen Steinplatte und drücken ihre Stirn darauf, sie murmeln Gebete, drei weitere Besucher stehen direkt dahinter und betrachten nachdenklich den Stein, der den kargen Raum fast ganz ausfüllt. Darunter soll Jesus von Nazareth tot gelegen haben – und dann plötzlich wieder lebendig geworden sein, das Grab verlassen haben und gen Himmel gefahren sein. Eine für atheistisch Veranlagte absurde Geschichte wird in der Jerusalemer Grabeskirche zu einer historischen Begebenheit. Vergangenheit, die sich besichtigen lässt. Die Religion nimmt plötzlich Gestalt an, der Glaube schafft den Sprung in die Realität. In keiner Stadt auf der Welt geschieht das so umfassend und eindringlich wie hier.

Jerusalem. Das Weltbild von mehr als drei Milliarden Menschen, knapp der Hälfte der Weltbevölkerung, wird von dem geprägt, was in der „Heiligen Stadt", wie sie auf Arabisch heißt, geschehen ist. Hier ließ Salomo, eine der wichtigsten Figuren im Judentum, seinen Tempel erbauen, Jesus ging seinen Leidensweg, und Mohammed stieg in den Himmel auf. In Jerusalem lassen sich die wesentlichen Stätten aller drei monotheistischen Weltreligionen unmittelbar nacheinander besuchen. 4000 Jahre Religionsgeschichte in ein paar Stunden. Das kann einen verändern. Und es prägt die ganze Stadt. Das Gesicht von Jerusalem und sein Alltag werden bestimmt von seinen Religionen.

Wer die drei wichtigsten Heiligtümer von Judentum, Christentum und Islam an einem Tag sehen will, sollte mit der Grabeskirche anfangen. Ganz einfach deshalb, weil sie zuerst öffnet: Um kurz vor fünf Uhr in der frühen Morgendämmerung – Jerusalem schlummert noch und lässt sich auch von den ersten Sonnenstrahlen dabei kaum stören – wartet auf dem Platz vor der Grabeskirche eine kleine Gruppe Menschen geduldig darauf, dass die Pforten des Heiligtums aufgehen.

Als einer der Priester die riesige Tür von innen mit einem Knarren öffnet, strömen sie hinein; die meisten knien direkt am Eingang vor einem steinernen Podest nieder, hier wurde Jesus' Leichnam gesalbt. Ein paar Meter weiter steht in der Kirche ein kleiner Steinbau, darin die Steinplatte seines Grabes. Schon in einer halben Stunde werden sich hier Dutzende Meter lange Schlangen stauen, bis in den Abend hinein gegen 21 Uhr, wenn die Kirche schließt. Oben, auf dem Dach, sitzen die äthiopischen Mönche, die hier in einer Art kleinem Dorf leben, bereits vor ihrer kleinen Kapelle. Aus der Ferne ertönen Kirchenglocken, und der Muezzin ruft zum Gebet. Jerusalem erwacht im Takt der Religionen.

Rund 1200 Synagogen, 160 Kirchen und 75 Moscheen gibt es derzeit in der Stadt. Jerusalem ist ein Hort des praktizierten Glaubens – und deshalb auch ein begehrtes Ziel. Für alle: Reisende, Pilger, Neugierige, Händler, Attentäter, Kämpfer. 44-mal wurde Jerusalem erobert, mehr als 100-mal haben Armeen um diese Stadt gekämpft. Millionen Menschen sind dabei ums Leben gekommen. Auch heute noch taucht Jerusalem wegen Terroranschlägen und Auseinandersetzungen regelmäßig in den Weltnachrichten auf.

„Das mag alles stimmen, aber es gibt uns immer noch", sagt Yehuda Peretz und lacht. Der 52-jährige Rabbi, weißes Hemd, Kippa, gestutzter Bart, sitzt unter einem Torbogen an einem hölzernen Schreibtisch in der Kunstgalerie Fifth Quarter im Jüdischen Viertel, 400 Meter von der Grabeskirche entfernt, und schreibt mit einer Feder hebräische Buchstaben auf Pergament, Seite für Seite. Das tut er acht Stunden am Tag, während die Besucher aus der ganzen Welt durch die Galerie schlendern und ihm neugierig über die Schulter schauen. Ein Jahr braucht Peretz für eine handgeschriebene Thora, die jüdische Bibel, die große Teile des Alten Testaments enthält. An kaum einem anderen Ort in der Welt könnte jemand davon leben. Hier aber geht es Peretz damit sehr gut, auch deshalb, weil er Besuchern anbietet, ihren Namen zusammen mit ein paar heiligen Worten auf   →

WORTGEWALTIG
Rabbi Yehuda Peretz fertigt in der Fifth Quarter
Gallery im Jüdischen Viertel von Jerusalem
handgeschriebene Thorarollen an

MUSTERGÜLTIG
Der Stoffhändler Bilal Abu Khalaf vetreibt in
seinem Laden in der Nähe des Muristanplatzes
Stoffe aus Syrien und zählt Rabbiner, Imame
wie auch Priester zu seinem Kundenstamm

Die Heiligtümer der Religionen wirken wie *mächtige Magneten* auf die verschiedenen Völker, deren Kraft in Jerusalem ihr Zentrum hat

ein Pergament zu schreiben. Mit der Religion lässt sich in Jerusalem gut Geld verdienen.

Gerade ist Peretz aber damit beschäftigt, seine Thora voranzubringen. Immer wenn er die Zeile wechselt, setzt er kurz ab und kommentiert die Weltlage. „Wenn es in Jerusalem einen Anschlag gibt, dann sind alle eine Minute entrüstet, anschließend gehen sie wieder zur Tagesordnung über. So wie die Menschen sich in San Francisco an das Risiko eines Erdbebens gewöhnt haben, so haben wir verinnerlicht, dass es kleine Erschütterungen im Zusammenleben geben kann." Peretz schreibt eine weitere Zeile, dann sagt er: „Viele sehen immer nur die Anschläge, die Auseinandersetzungen, dabei sind sie die Ausnahme. Es gibt ja viel mehr Tage, an denen nichts passiert. Wenn man bedenkt, dass in Jerusalem Menschen zusammenleben, die komplett andere Weltbilder, Lebensmodelle und Glaubensvorstellungen haben, dann ist das ein wahres Wunder."

Unter normalen Umständen, fährt Peretz zwischen den nächsten Zeilen auf seiner Thorarolle fort, würden Muslime, Juden und Christen niemals so eng Tür an Tür leben, da müsse man ehrlich sein. „Dafür sind ja Grenzen und verschiedene Nationen da: dass diejenigen Menschen mit gleichen Ansichten zusammenfinden und nicht mit anderen aneinandergeraten." In Jerusalem aber tun sie es eben doch – aneinandergeraten und auch zusammenfinden. Verantwortlich dafür sind die Heiligtümer der Religionen: Wie mächtige Magneten wirken sie auf die verschiedenen Völker, deren Kraft in Jerusalem ihr Zentrum hat.

Aktuell – das kann in Jerusalem ein Zeitraum von ein paar Minuten oder auch ein paar Jahrhunderten sein, in diesem Fall sind es 50 Jahre – steht das gesamte Stadtgebiet unter der Kontrolle Israels. Das ist auch im Alltag und im Stadtbild unübersehbar: An jedem wichtigen Eingang, auf fast jedem Platz stehen israelische Soldatinnen und Soldaten mit Maschinenpistolen, sie sorgen für eine Mischung aus Sicherheit und Angespanntheit. Es kommt auf die Perspektive an.

Der Tempelberg wird von arabischen Sicherheitskräften weitestgehend selbst verwaltet. Hier liegen zwei muslimische Heiligtümer: die Al-Aksa-Moschee, die als drittwichtigstes Heiligtum im Islam gilt, und der Felsendom, an der Stelle errichtet, wo der Prophet Mohammed auf dem Pferd – der Abdruck ist im Dom zu sehen – seine Himmelsreise ins Paradies angetreten haben soll.

Für Muslime sind mehrere Zugänge zum Tempelberg geöffnet, Andersgläubige müssen zu festgelegten Zeiten an einem bestimmten Eingang durch eine Sicherheitsschleuse. Hier hängt ein Schild der jüdischen Regierung: „Der Thora zufolge ist es streng verboten, den heiligen Tempelberg zu betreten." Denn der Tempelberg ist auch ein jüdisches Heiligtum: Fromme Juden glauben, dass hier einst der Tempel Salomos stand.

So betreten manche nicht muslimische Besucher den berühmten Tempelberg mit einem mulmigen Gefühl. Das verfliegt, sobald man auf dem Plateau angekommen ist. Die Schatten spendenden Bäume, die weiten Flächen und die Größe des Plateaus – etwa 20 Fußballfelder – sorgen dafür, dass die Besucher sich verteilen. Mehr noch: Anders als in den eng verwinkelten Gassen der übrigen Altstadt spürt man hier oben regelrecht ein Gefühl der Weite. Und des Friedens. Frauen mit Kopftuch zitieren auf dem Platz neben der Al-Aksa-Moschee Koransuren, eine Katze sonnt sich entspannt auf einer Steinbank. Das Einzige, was das Idyll etwas trübt, sind die mit Maschinenpistolen bewaffneten Wachen der arabischen Selbstverwaltung, die an den Eingängen im Schatten in ihrer gepanzerten Uniform schwitzen.

Von den rund 900 000 Einwohnern Jerusalems sind etwa 62 Prozent Juden, 35 Prozent Muslime und 2 Prozent Christen. Die drei Religionen definieren sich teilweise gemeinsam, so verehren alle einen Gott. Ansonsten aber grenzen sie sich klar voneinander ab: Während Juden keinen Propheten haben, berufen sich die Christen auf Jesus und die Muslime auf Mohammed. Verbunden mit jedem Paket sind eine ganze Reihe von Bräuchen, Traditionen und Feiertagen, die von der Ernährung bis zur Alltagskleidung reichen. In Jerusalem existieren sie alle parallel. Bilal Abu Khalaf führt sie in seinem Geschäft zusammen.

Wer den Laden des 55-jährigen Stoffhändlers betritt, der taucht ein in eine prächtige Welt der Farben. Textilien in allen möglichen Tönen von Rot, Grün, Blau, Türkis, Lila, Safran, Weiß und Schwarz, in hellen, dunklen und blanken Farben sowie Stoffe mit Ornamenten, Symbolen, Schriftzeichen bedecken hier   ⟶

Es scheint, als webe das Zusammenleben ein
Netz aus winzigen Fäden, die allmählich alles,
mal zart und mal fest, miteinander verbinden

Regale, Wände und sogar den Boden. Bilal Abu Khalaf, freundliches Lächeln, wache Augen, macht eine ausladende Handbewegung: „So nah wie bei mir sind sich die Religionen nirgendwo in Jerusalem." Khalaf, selbst Araber, aber nach eigener Aussage kein praktizierender Muslim, hat sich auf sakrale Stoffe spezialisiert, die höchsten Rabbis aus dem Judentum gehören ebenso zu seinen Kunden wie die Priester der Grabeskirche, auch den Kaftan für Muslime bietet er in allen möglichen Varianten an. „Bei mir haben sich schon einige Rabbis und Priester kennengelernt. Die interessieren sich sehr für die Gepflogenheiten der jeweils anderen Religion", sagt Khalaf. Man ist geneigt hinzuzufügen: Und er interessiert sich sehr fürs Geschäft. Aber warum auch nicht?

Wassim Razzouk, einige Häuser weiter, hat dazu eine klare Meinung: „Andere Leute bieten Nahrung und Getränke an, sie verdienen mit dem Hunger und Durst der Menschen ihr Geld. Ich habe mich eben auf das Bedürfnis nach einem höheren Sinn spezialisiert." Sein Tattoo-Studio ist das älteste in der Altstadt von Jerusalem. Neben christlichen bietet er auch jüdische Tattoos an, der Löwe Judas etwa ist ein beliebtes Motiv unter jüdischen Besuchern. Seine nächste Kundin, Kara Warden, die sich vor Razzouk auf den Stuhl setzt und den rechten Oberarm freimacht, möchte es ganz klassisch-christlich haben. Die US-Amerikanerin ist mit ihrer Kirchengruppe aus Ohio neun Tage im Heiligen Land, bei Razzouk lässt sie sich eine Szene von Jesus' Kreuzigung stechen. „Was ich die letzten Tage gesehen habe, die Grabeskirche, den Kreuzgang, alles hat mich tief geprägt. Das will ich mit dem Tattoo noch vervollkommnen", sagt Warden, die bereits drei andere Tattoos hat.

Ob jemand in Jerusalem lebt oder nur zu Besuch ist, die Allgegenwart der Religion wird hier schnell ein Teil der Identität. Ob jemand christlich oder muslimisch ist, das ist hier so bedeutsam wie in Deutschland die Frage, ob man männlich oder weiblich ist. Den Glauben sieht man den meisten der entgegenkommenden Menschen während des kurzen Fußwegs zur Klagemauer, dem zentralen Heiligtum der Juden, schon an der Kopfbedeckung an: Kopftuch, Kippa, Perücke, Hut mit Schläfenlocken,

eine zylinderförmige oder spitze Kopfbedeckung. Jeder trägt seine Religion wie ein Fähnchen mit sich herum. Man grenzt sich so von anderen ab – und vermischt sich gleichzeitig miteinander.

Die Viertel der Altstadt sind nach den religiösen Anhängern benannt. Es gibt das Muslimische, das Jüdische, das Christliche und das Armenische Viertel, sie fließen ineinander, es existiert längst keine scharfe Trennung mehr. In Israel, so schrieb der Dichter Yehuda Amichai, existiere man nebeneinander „wie in einer dichten Wolke nach einer Explosion". Und weil Jerusalem mit seiner religiösen Strahlkraft alle eng beieinanderhält, bleibt nichts anderes übrig als der tägliche Balanceakt zwischen Abgrenzung und Zusammensein. Während die immer wieder aufflammenden Unruhen und Anschläge die Nachrichten beherrschen, scheint im Alltag längst das Zusammensein dominierend. Es gibt einen Friedenskindergarten und eine Hand-in-Hand-Schule, wo gemischt unterrichtet wird, eine Friedenshotline, Muslime, Juden und Christen kaufen beieinander und kennen einander, in den jüngeren Generationen gibt es immer mehr religiös gemischte Paare. Der Schlüssel der Grabeskirche wird heute von einer muslimischen Familie verwahrt. Es scheint, als webe das Zusammenleben ein Netz aus winzigen Fäden, die allmählich alles, mal zart und mal fest, miteinander verbinden. Eingerissen wird es aber immer wieder durch Fundamentalisten auf beiden Seiten. Ausschreitungen, Anschläge, eine heiß umstrittene Siedlungspolitik.

Endlich angekommen an der Klagemauer. In einer großen Schale findet der Besucher eine Kippa, die muss den Kopf bedecken, wenn er sich der Mauer nähert, um dort in einer Ritze einen selbst beschriebenen Papierschnipsel mit einem Wunsch zu platzieren. Die Mauer wirkt mit solchen Fetzen Papier voller Wünsche und Hoffnungen beladen, aber nicht überladen. Der leuchtend helle Jerusalemer Kalkstein der Mauer, der in der ganzen Stadt weit verbreitet ist, strahlt Freundlichkeit aus. Und Hoffnung: Was immer kommt, die Bewohner dieser Stadt werden damit fertig. Gemeinsam – ob sie wollen oder nicht. ——

→ *Info Jerusalem ab Seite 86*

Wassim Razzouk tätowiert ein uraltes
koptisches Motiv auf den Arm eines Pastors
aus der US-amerikanischen Hauptstadt
Washington. Das Tattoo-Studio im Christlichen
Viertel der Jerusalemer Altstadt blickt auf eine
700-jährige Familientradition zurück

Aller Heiligen. *Jerusalem ist geprägt
von den großen Religionen. Aber auch Weltliches
wie hochkarätige Museen und herausragende
archäologische Stätten sind gute Reisegründe*

HEILIGE STÄTTEN

❶ Grabeskirche

Das verschachtelte Bauwerk
gilt als wichtigster Ort des
Christentums. Es birgt nicht
nur das heilige Grab Jesu
Christi, sondern auch den
Salbungsstein, auf dem der
Leichnam für die Bestattung
vorbereitet wurde, und den
Golgatafelsen, wo Jesus der
Überlieferung nach am
Kreuz gestorben ist. Auf dem
Dach befindet sich das
kleine äthiopische Kloster
Deir Es-Sultan samt
Mönchsunterkünften aus
Lehm. Die Siedlung, in der
rund zwei Dutzend Mönche
leben, stammt aus dem
12. Jahrhundert und unter-
streicht die globale Bedeutung der Grabeskirche.
Für den Besuch sollten
mehrere Stunden eingeplant
werden. Da das monumen-
tale Bauwerk notorisch über-
füllt ist, empfiehlt sich dieser
früh am Morgen, idealer-
weise nahe der Öffnungszeit
um 4/5 Uhr.
*Christliches Viertel
Christian Quarter Road
Tel. +972 (0) 2 / 627 33 14
Geöffnet 5–21 (Sommer)
bzw. 4–19 Uhr (Winter)
www.holysepulchre.custodia.
org*

❷ Tempelberg

In allen drei monothe-
istischen Weltreligionen hat der
Tempelberg herausragende
Bedeutung. „Haram El-Sha-
rif" (erhabenes Heiligtum) ist
die drittheiligste Stätte
des Islam nach Mekka und
Medina. Er steht unter
muslimischer Verwaltung,
Nichtmuslime dürfen den
Tempelberg nur zu bestimmten Zeiten betreten, der
Zutritt ins Innere der
Al-Aksa-Moschee und des
Felsendoms mit seiner welt-
berühmten Kuppel ist ihnen
untersagt. Ein Gang auf den
Tempelberg ist trotzdem
für alle Jerusalem-Besucher
ein Muss, die Atmosphäre
lässt sich vom Platz und
durch die Eingänge aufneh-
men. Dabei sollten jedoch
ein paar Kleidungs- und
Verhaltensregeln beachtet
werden: Lange Hosen und
bedeckte Schultern sind
Pflicht für Besucher, Beten
ist streng untersagt, ebenso
das Mitführen von größeren
religiösen Gegenständen
wie etwa einer Bibel.
*Zugang für Nichtmuslime
vom Platz an der Südwestecke,
rechts der Klagemauer
Tel. +972 (0) 2 / 622 62 50
Geöffnet im Winter So.–Do.
8.30–11.30, 12.30–13.30,
im Sommer 7.30–10.30
und 13.30–14.30 Uhr,
Fr., Sa. geschlossen
www.templemountdestruction.
com*

❸ Klagemauer

Die Klagemauer, auch als
„westliche Mauer" bekannt,
gehörte zum Plateau des
zweiten Jerusalemer Tempels,
der sich auf dem Tempelberg
darüber befand, sie gilt des-

01

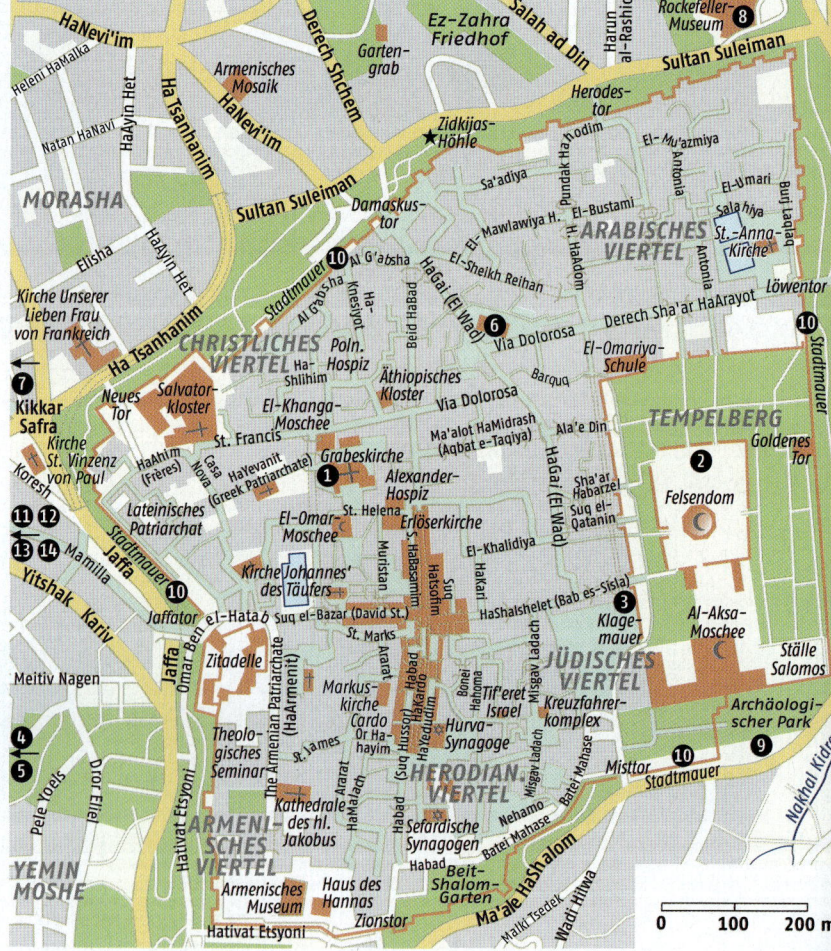

02

01 Erhaben: In der Grabeskirche ist nur selten so viel Platz

02 Erhöht: Vom Ölberg hat man eine gute Sicht auf die Altstadt samt Tempelberg

03 Erhört: Gläubige an der Klagemauer, dem heiligsten Ort des Judentums

04 Erholt: Das Österreichische Hospiz ist eine Oase der Ruhe in der Altstadt

03

04

halb Menschen jüdischen Glaubens als heilig. Nicht nur Juden, auch andere Besucher stecken Zettel mit Wünschen, Hoffnungen oder Gebeten in die Ritzen der Mauer. Man nähert sich der Klagemauer in angemessener Kleidung – mit langer Hose und Kippa, der Kopfbedeckung der Juden. Letztere ist kostenlos erhältlich auf dem Platz vor der Mauer. Zugang täglich rund um die Uhr.
Jüdisches Viertel
Western Wall Plaza
Tel. +972 (0) 2 / 627 13 33
www.english.thekotel.org

ÜBERNACHTEN

4 King David Hotel
Das berühmte Hotel bietet von vielen Zimmern einen einmaligen Blick auf die geschichtsträchtigen Stätten. Besonders zu empfehlen für eine Kaffeepause: die historische Terrasse des Hotels.
23 King David St.
Tel. +972 (0) 3 / 740 89 66
DZ ab rund 1330 NIS
www.danhotels.com/
JerusalemHotels/
KingDavidJerusalemHotel

5 YMCA
Three Arches Hotel
YMCA steht für „Young Men's Christian Association", den Christlichen Verein Jun-

ger Menschen, doch in Jerusalem beschränkt sich dessen Aktivität nicht auf Christen. Der YMCA fördert Austausch und Annäherung aller Kulturen und Religionen. Dementsprechend bunt gemischt ist in der Regel die Gästegruppe. Der 46 m hohe Turm des Hotels bietet nicht nur Übernachtungsgästen einen wunderbaren Ausblick.
26 King David St.
Tel. +972 (0) 2 / 569 26 95
DZ ab 117 NIS
www.ymca3arches.com

6 Österreichisches Hospiz
In der Altstadt, direkt an der Via Dolorosa gelegen, bietet das Österreichische Hospiz zur Heiligen Familie vor allem deutschsprachigen Pilgern und Besuchern kulturelle Veranstaltungen – und österreichische Gastfreundschaft. So lädt die gemütliche Terrasse eines Wiener Kaffeehauses zum Verweilen ein. Zum Übernachten stehen Zimmer, Suiten und Schlafsäle zur Auswahl.
Via Dolorosa St. 37
Tel. +972 (0) 2 / 626 58 00
DZ ab 560 NIS, inkl. Frühstück. Nur Barzahlung in NIS, US-Dollar oder Euro möglich
www.austrianhospice.com

ANSCHAUEN & ERLEBEN

7 Italienische Synagoge
Die Grundpfeiler der Synagoge wurden ursprünglich in einem kleinen Ort bei Venedig errichtet – und dann nach Jerusalem gebracht. Angefangen von dem farbenprächtigen Eingangsbereich bis hin zum Museum über jüdische Kultur in Italien – der Besuch lohnt sich.

Rehov Hillel 27
Tel. +972 (0) 2 / 624 16 10
Geöffnet So.–Mi. 10.30–16.30,
Do. 12–19.30,
Fr. und Sa. geschlossen
www.ijamuseum.org

8 Rockefeller-Museum
Wer vor allem die palästinensische Geschichte und ihre Wurzeln besser verstehen will, dem ist ein Besuch im Rockefeller-Museum besonders zu empfehlen: Die allermeisten Exponate stammen aus dem osmanischen Palästina. Zu den Ausstellungsstücken zählen auch hölzerne Verzierungen aus der Al-Aksa-Moschee und Fundstücke aus der Grabeskirche.
Sultan Suleiman St. 27
Geöff. So., Mo., Mi., Do. 10–15, Sa. 10–14 Uhr, Di. u. Fr. geschlossen. Eintritt frei
www.museum.imj.org.il/ rockefeller/eng/index.html

9 Archäologischer Park
Neben der Westmauer gibt es noch Überreste des ersten und zweiten Tempels, jeweils Heiligtümer des Judentums, zu besichtigen. Dazu andere Zeitzeugnisse, die Jerusalems bewegte Geschichte der letzten 2000 Jahre vor Augen führen, u. a. von Römern herausgerissene Pflastersteine und erhalten gebliebene Teile des Tempels von Herodes.
Nahe dem Misttor
Tel. +972 (0) 2 / 563 49 87
Geöffnet So.–Do. 8–17, Fr. 8–14 Uhr, Sa. geschlossen Eintritt: 30 NIS / Pers.
www.archpark.org.il

10 Stadtmauer
Ein Spaziergang über das Bauwerk aus dem 16. Jahrhundert gewährt eine neue Perspektive auf die Heilige Stadt: Nirgendwo sonst ist man den Heilig- ⟶

tümern so nah und hat gleichzeitig einen so guten Überblick. Auch das Leben und Treiben lässt sich vom insgesamt gut 1,5 km langen Abschnitt hervorragend beobachten. Zugang und Kasse am westlichen Jaffator, am Eingang zur Altstadt. *Geöffnet Sa.–Do. 9–16.30, Fr. und am Vorabend eines Feiertags 9–14 Uhr. Eintritt: Erw. 14 NIS, Kinder 7 NIS*

⑪ Yad Vashem
Jeder Israel-Besucher sollte die bedeutendste Holocaust-Gedenkstätte gesehen haben und mindestens drei Stunden Zeit einplanen. Sie führt die systematische Judenverfolgung und ihre Vernichtung zur Zeit des Dritten Reichs eindrucksvoll vor Augen. Die zahlreichen Gedenkorte, u. a. die Halle der Erinnerung, das Denkmal für Kinder und die Allee der Gerechten unter den Völkern, geben anschließend die Möglichkeit, die Schrecknisse weiter zu verarbeiten.
*Herzl-Boulevard
Tel. +972 (0) 2 / 644 34 00
Geöff. So.–Mi. 9–17, Do. 9–20,
Fr. 9–14 Uhr. Eintritt frei
www.yadvashem.org*

⑫ Israel-Museum
Der „Schrein des Buches" ist der Höhepunkt des Besuchs im Israel-Museum: biblische Schriftrollen vom Toten Meer, entdeckt in elf Höhlen bei Qumran. Weitere Attraktion: eine maßstabsgetreue Rekonstruktion Jerusalems zur Zeit des zweiten Tempels.
*Ruppin-Boulevard
Tel. +972 (0) 2 / 670 88 11
Geöffnet Sa.–Mo. und Do.
10–17, Di. u. Mi. 10–21 Uhr
Eintritt: 40 NIS
www.imj.org.il/en*

01 Pflichtprogramm: Die „Halle der Namen" in der Gedenkstätte Yad Vashem

02 Spiegelung: Skulptur im Innenhof des Israel-Museums

03 Multikulti: Brotwagen unter typischem dreisprachigem Straßenschild

⑬ Bloomfield Science Museum
Wissenschaftliche Erkenntnisse spielerisch zu veranschaulichen, das schafft dieses der Hebräischen Universität angegliederte Haus. Im Rahmen temporärer interaktiver Ausstellungen wird z. B. die Herstellung von Zuckerwatte demonstriert, und Besucher können das Gefühl testen, bei einem Gegenwind von 70 km / h Rad zu fahren.
*Museum-Boulevard
Tel. +972 (0) 2 / 654 48 88
Geöffnet Mo.–Do. 10–18,
Fr. 10–14, Sa. 10–17 Uhr*

*Eintritt: 45 NIS,
Kinder bis 5 Jahre frei
www.mada.org.il/en*

⑭ Knesset
Das 1966 fertiggestellte Gebäude des israelischen Parlaments ist ein Werk der Architekten Joseph Klarwein und Dov Karmi. Davor steht eine 5 m hohe Menora, und die Eingangshalle beherrscht ein überlebensgroßes Porträt des Zionisten Theodor Herzl (1860 bis 1904). Im Empfangssaal fallen Bodenmosaike von Marc Chagall und Wandteppiche mit historischen Motiven ins Auge.
*Kiryat Ben Gurion
Tel. +972 (0) 2 / 675 33 33
Touren Do. und So.,
in deutscher Sprache um 8.30,
in Englisch um 8.30, 12 und
14 Uhr
Eintritt frei, ein Pass ist
erforderlich
www.knesset.gov.il/tour/eng/
evisit.htm* ——

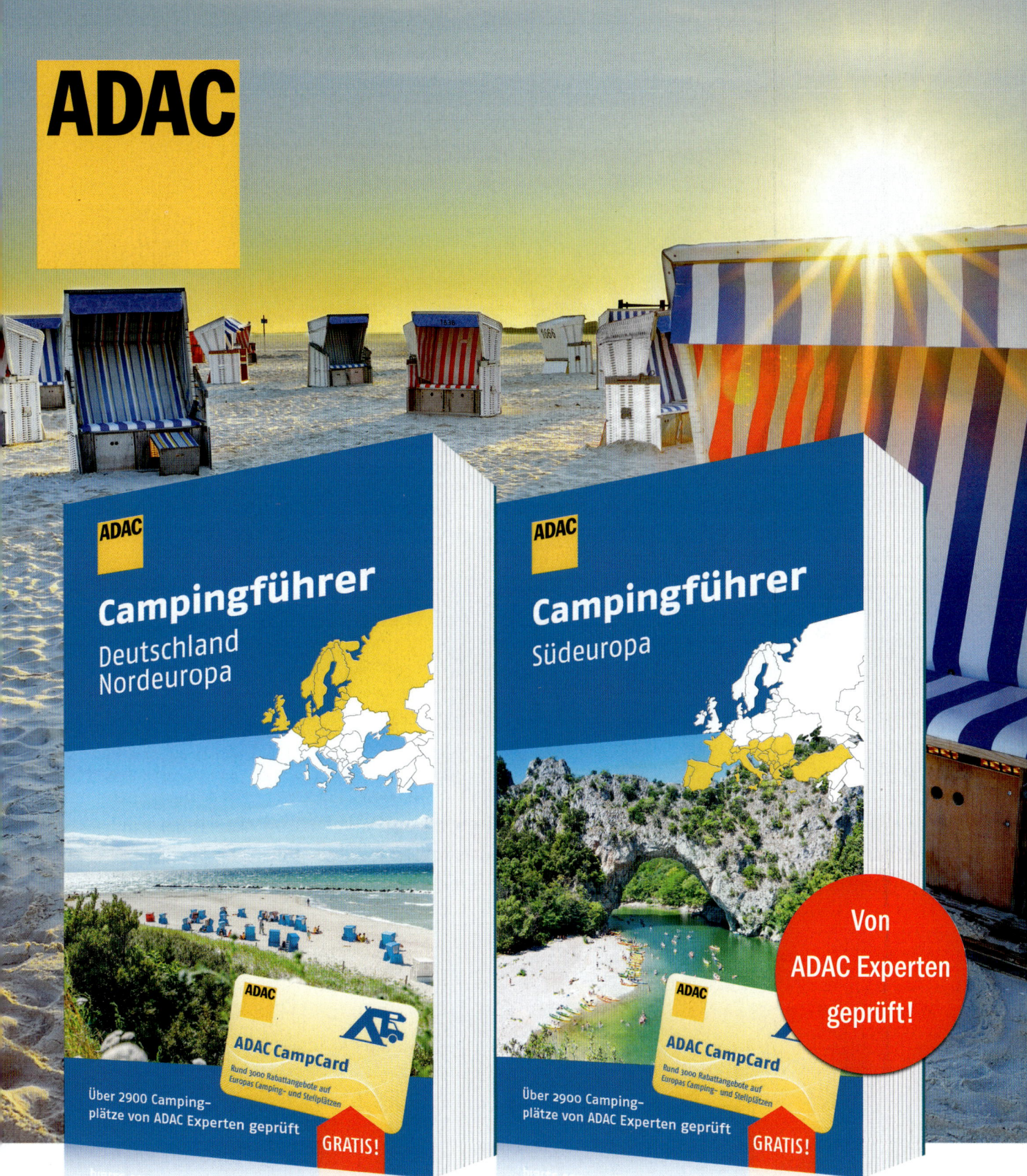

Die Nr. 1 unter den Campingführern Europas!

■ Über 5.500 beste Campingplätze zwischen Nordkap und Sizilien ■ Aktuelle Preisangaben ■ Separate Planungskarte und Detailkarten der schönsten Urlaubsziele ■ Vor Ort recherchierte GPS-Koordinaten ■ Mit ADAC CampCard.

Überall, wo es Bücher gibt, und beim ADAC.   www.adac.de/shop

Wüsten Wellness

Das Hotel der Oase Ein Gedi verfügt über einen Privatstrand am Toten Meer. Die Gäste übernachten im einzigen bewohnten botanischen Garten der Welt unter einem immergrünen Blätterdach. Der größte Luxus ist die Natur

TEXT: Sabine Brandes
FOTOS: Yadid Levy

Weiter runter geht es nicht. Hier, wo sich schlammverschmierte Menschen die Sonne auf den Bauch scheinen lassen, befindet sich der tiefste Punkt der Erde, der nicht von Wasser bedeckt ist. Hier, etwa 430 Meter unterhalb des Meeresspiegels, liegen die Strände des Toten Meeres. Und genau hier, ganz weit unten, kann man nicht untergehen. Der extrem hohe Salzgehalt des Wassers lässt einen gleich— ⟶

Matsch-Winner: In der Erde am Toten Meer stecken Mineralien wie Kalzium, Magnesium, Kalium – und jede Menge Spaß

Fallbeispiel: Viele Besucher des Naturreservats Ein Gedi wandern zum Wasserfall im Wadi Nachal David

Stammbelegschaft: Dank Süßwasserquellen und Experten wie Mani Gal wuchert die Natur im botanischen Garten

sam schweben. Dabei ist dieser Ort mehr als nur Urlaubskulisse für ein lustiges Selfie beim Schwimmen mit einer Zeitung in der Hand. Er ist eine Wellnessoase unter einem immergrünen Blätterdach – und das alles mitten in der Wüste.

Die Hotelgäste wohnen, weltweit wohl einzigartig, mitten in einem botanischen Garten

Es geht die Legende, dass schon in der Antike die ägyptische Diva Kleopatra auf die therapeutischen Wirkstoffe der einzigartigen Region schwor. Die Heilkraft von Luft, Schlamm und Wasser ist heute weltweit anerkannt bei chronischen Haut- und Gelenkkrankheiten. Doch man muss na-

türlich kein Patient sein. Im Spa Chamei Ein Gedi baden alle in den Schwefelbecken und Thermalbädern, deren Wasser heiß und qualmend aus der Erde sprudelt.

Auch oberhalb des Toten Meeres, in der Oase Ein Gedi, dreht sich alles ums Wasser. Dort allerdings plätschert es frisch aus dem Gebirge – salzlos, versteht sich. Mani Gal, Experte für die Natur der Gegend, kennt hier jeden Fels: „Niederschlag, der aus der regenreichen Gegend um Bethlehem kommt, bahnt sich seinen Weg in 200 langen Jahren durch den Stein, bis er

unsere Quellen füllt.“ Der natürliche Filterungsprozess macht aus profanem Regenwasser eine Mischung, die in Ein Gedi in Flaschen abgefüllt und landesweit als Mineralwasser verkauft wird.

Diese Quellen speisen auch den botanischen Garten, der sich mit rund 900 Pflanzenarten in der Anlage erstreckt. Mittendrin liegen die 166 Zimmer und Suiten. Die Unterkünfte des Boutiquehotels Ein Gedi sind in schlichter Eleganz mit sanften Tönen der Umgebung gestaltet. Wer überbordenden Luxus erwartet, wird enttäuscht – die bescheidene Kibbuz-Attitüde ist hier Gesetz. Alle Räume sind funktional, lichtdurchflutet, zurückhaltend im Design. Die Hauptrolle soll die Natur spielen. Auf den Balkonen der De-luxe-

Zimmer lockt eine geradezu dramatisch-schöne Aussicht auf die felsige Landschaft. Im Superior-Gartenzimmer sitzt man auf seiner Terrasse unter Palmen. Während die Espressomaschine im Zimmer röchelt, lugen Klippschliefer (optisch eine Mischung aus Erdmännchen und dicker Maus) neugierig unter den Holzdecks hervor. Manchmal zieht noch vor dem Frühstück eine Gruppe von Steinböcken vorbei.

„Wir haben uns daran gewöhnt", meint Gal schmunzelnd, als ein kaninchengroßer Klippschliefer vorbeihuscht. „Wildnis ist ein Teil der Oase. Unser Hotel liegt mitten in der Natur, man kann nicht anders, als sich mit ihr verbunden zu fühlen." Gal, seit 51 Jahren Mitglied im Kibbuz, schaut nach allem, was grünt und blüht. Das gilt es zu pflegen, denn Ein Gedi ist der einzige registrierte botanische Garten der Welt, in dem Menschen wohnen.

Gegründet wurde der Kibbuz 1956 von einer Gruppe Israelis aus der sozialistischen Jugendbewegung. Am Anfang gab es nur ein felsiges Plateau, keinen Baum, keinen Strauch. Heute, sechs Jahrzehnte

Das charmante Restaurant, in dem das Frühstück und Abendessen serviert werden, erinnert atmosphärisch noch immer ein wenig an den einstigen Speisesaal der Kommune.

Unter dem Affenbrotbaum mischen sich beim Feiern die Gäste unter die Kibbuzangehörigen

später, spielt sich der Großteil des Gemeindelebens im Garten ab. Der riesige Afrikanische Affenbrotbaum (Baobab) ist Mittelpunkt. Unter ihm wird gefeiert, getanzt und gesungen – bis tief in die Nacht.

Die Kommune als große Familie wird noch immer gelebt – Touristen eingeschlossen. Die Besucher sind überall willkommen, auch im Wohnviertel der Kibbuzniks und dem kleinen Museum, das die Entstehungsgeschichte von Ein Gedi zeigt.

Eine besondere Verbindung bestehe zu deutschen Touristen, erzählt Gal. Sie seien damals die ersten gewesen, die hier Urlaub gemacht hätten. „Manche kehrten sogar bis zu 20-mal zurück, und als der Kibbuz durch schwere wirtschaftliche Zeiten ging, waren sie es, die immer wieder im Voraus buchten." Viele Freundschaften sind entstanden, die bis heute bestehen. Die mageren Zeiten sind lang vorbei, der Tourismus boomt wieder. Und da es nur ⟶

Klare Sache: Speisesaal, Zimmer und Bäder des Hotels kommen ohne Luxus aus. Die Linienführung und Funktionalität erinnern an die Anfangsjahre Ein Gedis als Kibbuz

Eingebettet: Ein botanischer Garten mit 40 Palmenarten, Baobab- und Feigenbäumen umgibt die einzelnen Hotelgebäude

etwa zehn Tage im Jahr regnet, ist überdies immer Hauptsaison.

Karni Kovatch, die Pressedame, glaubt, dass man die Pioniere, die diese Ansiedlung einst aus dem Nichts errichtet hatten, für verrückt gehalten habe. Aber sie behielten doch recht und schufen aus einem öden Felsen einen der bezauberndsten Flecken auf der Erde. Geschafft, so erzählt Karni Kovatch, hätten die ersten Kibbuzniks dies durch Zusammenarbeit und Gruppendynamik. „Nach dieser Ideologie funktioniert die Anlage auch heute noch. Die 210 Menschen, die hier arbeiten und

dafür sorgen, dass der Betrieb reibungslos läuft, sind ein bunter Mix der Region: alteingesessene Kibbuzniks, junge Leute, die den Militärdienst absolviert haben, Beduinen aus der Gegend, Palästinenser aus

In Ein Gedi arbeiten alteingesessene Kibbuzniks, Beduinen und afrikanische Einwanderer

Ostjerusalem, afrikanische Einwanderer." Die Gleichheit zwischen allen sei ihre Auffassung von Politik.

Der Garten ist der Ort, wo sich ihre Wege kreuzen, Gäste und Angestellte eine Pause einlegen oder einen Plausch halten. Unter den schattigen Bäumen werden Kräuter neu kultiviert, die schon in biblischer Zeit wuchsen. „Viele von ihnen

gedeihen prächtig", sagt Pflanzenkümmerer Gal voller Stolz und zeigt auf die Lawsonia inermis, deren Blätter die rote Hennafarbe produzieren. Auch Weihrauch und Myrrhe sind überall zu finden, ihr zarter Duft wabert durch die warme Luft. Da es praktisch keinen Winter gibt, wächst alles pausenlos. Wie der Bodhibaum. Man sagt, Buddha habe täglich unter einem Ficus religiosa in seiner Heimat meditiert. Auch Yoga-Anhänger in Ein Gedi rollen ihre Matte mit Vorliebe unter dem imposanten Exemplar der Oase aus.

Man braucht keine besondere Eingebung, um die außergewöhnliche Atmosphäre auf sich wirken zu lassen. Wenn die Sonne hinter den rot glühenden Bergen versinkt, der blaue Salzsee funkelt, spürt jeder die Anziehungskraft dieses Ortes.

Spa-Paket: Auch das Wellnesscenter protzt nicht mit Luxus (r.). Pflegeprodukte und Raumdüfte enthalten Wirkstoffe, die aus Pflanzen des botanischen Gartens gewonnen werden

Armdrücken: Im Synergy Spa behandelt Physiotherapeutin Nati Elbar eine Kundin. Jeder Mitarbeiter hier hat mindestens zehn Jahre Berufserfahrung

Hochstimmung: Wer in die Ein Gedi Nature Reserve auf-
steigt, wird mit einem tollen Blick aufs Tote Meer belohnt

Jobcenter: Wie Antonella Rapaccoli, die im Bistro arbeitet,
kommen viele Mitarbeiter in Ein Gedi aus Kibbuzfamilien

Schon im Hohelied Salomos wurde der Zauber besungen: „Mein Liebster ist wie ein Täschchen voller Myrrhe, das zwischen meinen Brüsten liegt. Mein Liebster ist für mich wie ein Strauß aus Blüten der Hennapflanze – aus den Weingärten von Ein Gedi…"

Sogar im tiefsten (europäischen) Winter ist es am Toten Meer angenehm warm

Der Extrakt der Myrrhe wird noch heute für die Medizin und kosmetische Produkte verwendet. Seit einem Jahr macht sich der Kibbuz die Wirkstoffe mit einer eigenen Kosmetiklinie zunutze. Ziva Gilad steht an der Theke des Ladens und erklärt die Vorzüge der „Botanical Wonders", die es bislang nur hier zu kaufen gibt. Es sei die exakte Menge an Mineralien des Toten Meeres, die die Produkte ausmache. „Gemischt mit aromatischen Pflanzen aus un-

serem Garten, etwa Jojoba, Myrrhe oder Weihrauch." Ziva Gilad war viele Jahre bei Ahava beschäftigt, dem großen Hersteller für Kosmetik vom Toten Meer. „Wir träumen davon, eine Plantage mit Heilpflanzen anzulegen", verrät sie, „um unsere Produkte international anzubieten."

Vom Synergy-Spa am Rand des Plateaus aus bietet sich eine berauschende Aussicht. Ob man im dreieckigen Außenpool mit frischem Quellwasser eine Runde dreht, sich auf der Oberfläche des Salzwasserbeckens im Innenbereich treiben lässt oder im Ruheraum entspannt – stets hat man die unberührte Landschaft im Blick. Die Gäste relaxen in den Pools, die in den kälteren Monaten beheizt sind, einem türkischen Hamam oder der Sauna. In zwölf

Räumen werden klassische und innovative Therapien angeboten, von Massagen über Wickel, Ayurveda, Shiatsu und Watsu bis zu Maniküre, Pediküre sowie kosmetischen Gesichtsbehandlungen.

Boaz Amir kennt alle Anwendungen: „Unsere Spezialität sind Dattelwickel mit einer Mischung aus Heilschlamm und zerstoßenen Früchten, im Kibbuz angebaut. Die wirkten bei trockener Haut Wunder", erklärt der Spa-Angestellte.

Den besonderen Reiz von Synergy machen die Ruhe und die Lage über dem funkelnden Salzsee aus, dahinter die Anhöhen Jordaniens. Sogar im tiefsten (europäischen) Winter ist es angenehm warm, kann man draußen schwimmen, sonnenbaden, unter freiem Himmel entspannen. Die Wüste, so viel wird deutlich, ist hier alles andere als wüst. ——

⟶ *Info Totes Meer / Übernachten ab Seite 96*

Wohlfühloasen. *Das Tote Meer ist eine einzigartige Laune der Natur. Wer nicht im Yam HaMelah (Hebräisch für „Meer des Salzes") gebadet, war nicht in Israel, heißt es*

AUS DER REPORTAGE

Hotel Ein Gedi

Das Haus verfügt über einen Privatstrand am Toten Meer, Schwimmbad, zwei Restaurants, Poolbar, Kiosk, Souvenir- sowie Kosmetikshop, zwei Wellnesszentren und Streichelzoo. Mehrmals wöchentlich werden Ausflüge in den Naturpark, Besichtigungen der antiken Synagoge, Vorträge über den Kibbuz und Führungen durch den Botanischen Garten angeboten. Yoga und Pilates finden unter freiem Himmel statt.
*Kibbuz Ein Gedi, Totes Meer
Tel. +972 (0) 8 / 659 42 21 (-3)
166 Zimmer und Suiten:
Standard-DZ ab 676 NIS,
inkl. Frühst. Abendessen: in der
Woche 88 NIS, Fr. 115 NIS
pro Pers. Für Gäste in
Standardzimmern Eintritt
ins Spa Chamei Ein Gedi frei.
Eintritt in die Spas Chamei
und Synergy für Gäste
in Boutiquezimmern frei (E 5) *
www.en.ein-gedi.co.il*

Synergy Spa

*Tel. +972 (0) 8 / 659 40 58
(-59 / -60). Geöff. tgl. 9–18 Uhr
Eintritt: 130 NIS (bei Buchung einer Behandlung ab
50 Min. frei). Massagen
220–485 NIS, Gesichtsbehandlungen 120–480 NIS,
Ganzkörperanwendungen
440–850 NIS*

Sea of Spa

*Tel. +972 (0) 8 / 620 10 30
Eintritt: 95 NIS*

*Behandlungen ab 200 NIS
Geöffnet tgl. 8.30–16.30 Uhr
Strand Ein Gedi (E 5)
www.eingediseaofspa.com*

Botanical Wonders

Produkte der kibbuzeigenen Linie sind nur in Ein Gedi erhältlich, zum Beispiel Schlammseife, Shampoo oder eine Spa-Kollektion.
*Shop im Eingangsbereich des
Hotels Ein Gedi
Tel. +972 (0) 8 / 659 42 36
Produkte ab 30 NIS
Geöffnet tgl. 9–17 Uhr (E 5)*

TOTES MEER

Ökologie

Umgeben ist das 600 km² große Tote Meer von Israel, Jordanien und den palästinensischen Gebieten. Mit ca. 428 m unter dem Meeresspiegel ist es der tiefstgelegene See der Erde. Es steht aber nicht gut um das Gewässer: Rund 1,20 m pro Jahr geht die Oberfläche mittlerweile zurück, weil das Wasser seiner Frischwasserquelle, des Jordanflusses, fast vollständig für Bewässerungsprojekte abgezweigt wird. Viele Strände sind wegen metertiefer Senklöcher geschlossen. Die geografische Lage macht die Rettung zum Politikum.

Strände

Das Tote Meer ist in ein nördliches und ein südliches Becken geteilt. Der Zugang

01

02

03

01 Getragen: Im extrem salzigen Wasser des Toten Meeres geht man nicht unter

02 Gestiegen: Steinböcke nahe dem Naturpark Ein Gedi

03 Gelegen: Das Restaurant Taj Mahal ist wie ein Beduinenzelt gestaltet

Die Koordinaten beziehen sich auf die Übersichtskarte Seite 142

zum nördlichen Becken ist nur durch das Sea of Spa möglich. Es gibt Bademeister, Toiletten, Duschen, Schließfächer, Restaurant und Kiosk und eine Stelle mit Heilschlamm. Am südlichen Becken liegt der Strand von En Bokek vor Hotels und Restaurants: Zugang, Wasserwacht, Sonnenschirme, Toiletten und Duschen sind kostenlos.

Gesundheit

Das extrem salzige Wasser des Toten Meeres enthält eine Vielzahl an Mineralien. Wasser und Schlamm sind besonders reich an Magnesium, Kalium, Kalzium und Natrium. Der Schlamm lockert die Muskeln, verbessert die Blutzirkulation und lindert Beschwerden in den Gelenken. Die Sonneneinstrahlung wird an dieser Stelle tief unter Meeresniveau durch die extrem sauerstoffhaltige Luft und die Glocke

des verdunstenden Wassers so stark gefiltert, dass die schädlichen UVB-Strahlen kaum durchkommen. Außerdem ist die Luft extrem trocken, sauber, pollenfrei und reich an Brom. Einfach entspannen und tief durchatmen. Neben Ein Gedi bieten die Hotels in En Bokek Kur- und Wellnessaufenthalte.

Kosmetik

Ahava ist der größte Hersteller von Kosmetikartikeln mit Inhaltsstoffen des Toten Meeres. 1988 gegründet, bietet er von Schlammpackungen über Gesichtscremes bis zu Badesalzen und Sonnenschutz eine reichhaltige Produktpalette. Im Besucherzentrum mit Outlet werden Details zu Herstellung und Produktionsprozess erklärt.
86983 Mitzpe Shalem
Tel. +972 (0) 2 / 994 51 17
Geöffnet So.–Do. 8–17,
Fr. 8–16, Sa. 8.30–17 Uhr
www.ahava.com

NATURRESERVAT EIN GEDI

Sein Reichtum an Wasser macht dieses Naturschutzgebiet zu einer Oase. Vier Quellen liefern mehr als drei Mio. Kubikmeter Süßwasser pro Jahr. So hat sich das Reservat zu einem Sammelplatz für seltene Tier- und Pflanzenarten entwickelt, vor allem für Steinböcke, Vögel und Wüstenfüchse. Wanderwege mit unterschiedlichen Längen und Schwierigkeitsgraden führen zu Wasserfällen, Naturpools und Höhlen. Von vielen Stellen aus hat man einen spektakulären Blick auf das Tote Meer.

Frühjahr, Spätherbst und Winter sind perfekt für Wanderungen. Nicht vergessen: Kopfbedeckung und mindestens 3 l Wasser pro Person!
Am Highway 90
Tel. +972 (0) 8 / 658 42 85
Geöffnet im Sommer So.–Do. u. Sa. 8–17, Fr. u. vor Feiertagen 8–16, im Winter So.–Do. u. Sa. 8–16, Fr. u. vor Feiertagen 8–15 Uhr (letzter Einlass 1 Std. vor Schließung)
Eintritt: 28 NIS (E 5)
www.parks.org.il/sites/English

GENIESSEN

Taj Mahal

Das Restaurant ist als Beduinenzelt mit Klimaanlage gestaltet. Die Gäste, darunter häufig Gruppen, sitzen auf bequemen Polstern vor niedrigen Tischen und genießen beim Essen den Blick aufs Meer. Die Küche liefert einen guten Querschnitt durch Landestypisches vom Grill, Salate, gefüllte Weinblätter, Hummus und Falafel. Wer kein Bier der internationalen Marken oder das Goldstar aus Netanja dazu mag, hält sich an die hausgemachte Limonade.
Restaurant Taj Mahal im Leonardo Inn Hotel Dead Sea
86930 En Boqeq
Tel. +972 (0) 5 / 36 50 65 02
Geöffnet tgl. 12–24 Uhr (F 5)
www.leonardo-hotels.de

Aroma

Die israelische Kette mit dem schwarz-weiß-roten Design bietet neben verschiedenen Kaffeesorten ein reichhaltiges Frühstück und leichte Mahlzeiten wie Salate und Suppen. Außerdem gibt es eine große Auswahl an Sandwiches mit selbst gebackenem Brot (drei

Sorten zum Wählen). Die Portionen reichen bei jedem Hunger, die Zutaten sind frisch. Köstlich ist das Avocado-Sandwich mit Tomate und Ei (29 NIS) und im Sommer der gefrorene Eiskaffee Barad (14 NIS).
Einkaufszentrum Petra
86930 En Boqeq
Tel. +972 (0) 8 / 995 40 21
Geöffnet tgl. 8–21 Uhr (F 5)
www.aroma.co.il

ÜBERNACHTEN

Hostel Beit Sarah

Die Jugendherberge ist nicht nur bei Rucksacktouristen sehr beliebt. Vor allem wegen der Lage neben dem Naturpark und der traumhaften Aussicht bekommt sie durchweg gute Noten. Außer Schlafsälen gibt es private Zimmer mit Bad, Kaffee-Ecke und Fernseher, besonders begehrt sind die mit Balkon oder Terrasse. Frühstück und Abendessen werden als Büfett mit einer soliden Auswahl an israelischen Speisen serviert.
86980 Ein Gedi
Am Highway 90
Tel. +972 (0) 2 / 594 56 00
51 Zimmer: DZ ab 373 NIS, im Schlafsaal ab 129 NIS, inkl. Frühstück (E 5)
www.iyha.org.il

Daniel

Eine der großen Hotelburgen, wie sie am Strand von En Bokek vorwiegend zu finden sind. Die Atmosphäre im Daniel ist gediegen und elegant. Ausladende Frühstücks- und Abendbüfetts. Das Shizen-Spa über zwei Etagen ist großzügig angelegt und bietet eine umfassende Palette von Wellness- $\longrightarrow$

Fotos: Yadid Levy, Israelisches Tourismusministerium / Dafna Tal, Fattal Hotels / Aya Ben Ezri

01

Anwendungen, Pools, Jacuzzis und Saunen. Einen kurzen Spaziergang entfernt liegt der Privatstrand (Shuttleservice).
86930 En Boqeq
Tel. +972 (0) 8 / 668 99 99
302 DZ und 12 Suiten ab
628 NIS, inkl. Frühst. (F 5)
www.tamareshotels.com/
daniel-dead-sea-hotel

02

01 Organisch: Lehmfarben der Wüste im Hotel Desert Days im Negev

02 Biologisch: Obst- und Gemüsegarten des Hotels Mizpe Hayamim

03 Magisch: Pool des Beresheet-Hotels vor der Wüstenlandschaft des Ramon-Kraters

WELLNESSHOTELS IM ÜBRIGEN ISRAEL

Beresheet
Am Rande des Ramon-Kraters liegt eines der außergewöhnlichsten Hotels in ganz Israel. Von hier aus kann man diese dramatische Landschaft voll auf sich wirken lassen. Es ist ein weitläufiger Komplex von 111 ein- und zweistöckigen, geschmackvoll designten Häuschen, dazu Wellnessbereich und Restaurant. In der Negev-Wüste gibt es den klarsten Sternenhimmel im ganzen Land – und dies ist der beste Platz, um ihn zu genießen. 39 Zimmer haben sogar einen Privatpool.
80600 Mizpe Ramon, Negev
Derech Beresheet 1
Tel. +972 (0) 8 / 659 80 00
DZ ab 600 NIS inkl. Frühstück, Villa mit Privatpool ab
911 NIS (H 4)
www.isrotel.com/beresheet

Desert Days
Desert Days ist wie geschaffen für alle, die einmal ganz abschalten wollen. Im Herzen der Arava-Wüste herrscht totale Stille. Die kleine Kolonie von charmanten Bungalows ist nach ökologischen Grundsätzen

aus Lehm erbaut worden. Dennoch verfügen sie über Küchenzeile, Bad (mit organischem WC) und Feuerstelle. Romantischer geht es kaum. Wundervoll auch das Frühstück, das auf Wunsch mit dem Golfcart zur privaten Veranda gebracht wird.
86833 Zuqim, Arava
Tel. +972 (0) 5 / 26 17 00 28
12 Häuser (weitere im Bau):
pro Paar ab 620 NIS,
inkl. Frühstück
Schlamm-Workshop ab
2 Nächten inklusive (H 5)
www.desert-days.com

Mizpe Hayamim
Im Herzen von Gärten, Feldern und einer Ökofarm liegt dieses Spa-Hotel wie ein verwunschenes Schloss hoch oben im Norden des Landes. Überall duftet es nach Blumen und Kräutern. Das liebevoll gestaltete Haus mit charmantem Spa ist wie geschaffen für den Einklang von Körper und Seele. In Israel hat es eine Fangemeinde. Für die kulinarischen Belange gibt es ein vegetarisches Restaurant und den Gourmettempel Muscat. Kinder ab 10 Jahre dürfen mit. Wiedereröffnung nach Renovierung am 1.10. 2018.
1210001 Rosh Pina
(südl. von Naharija)
Tel. +972 (0) 4 / 69 45 55
97 Zimmer: DZ ab 490 NIS,
inkl. Frühstück (B 4)
www.isrotel.com/mizpe-hayamim

Weitere Adressen
Eine Auswahl empfehlenswerter Übernachtungsmöglichkeiten finden Sie auch in den Infoteilen Bustour, Kibbuz, Tel Aviv / Mittelmeerküste, Wein, Wandern, Jerusalem und Eilat. —

03

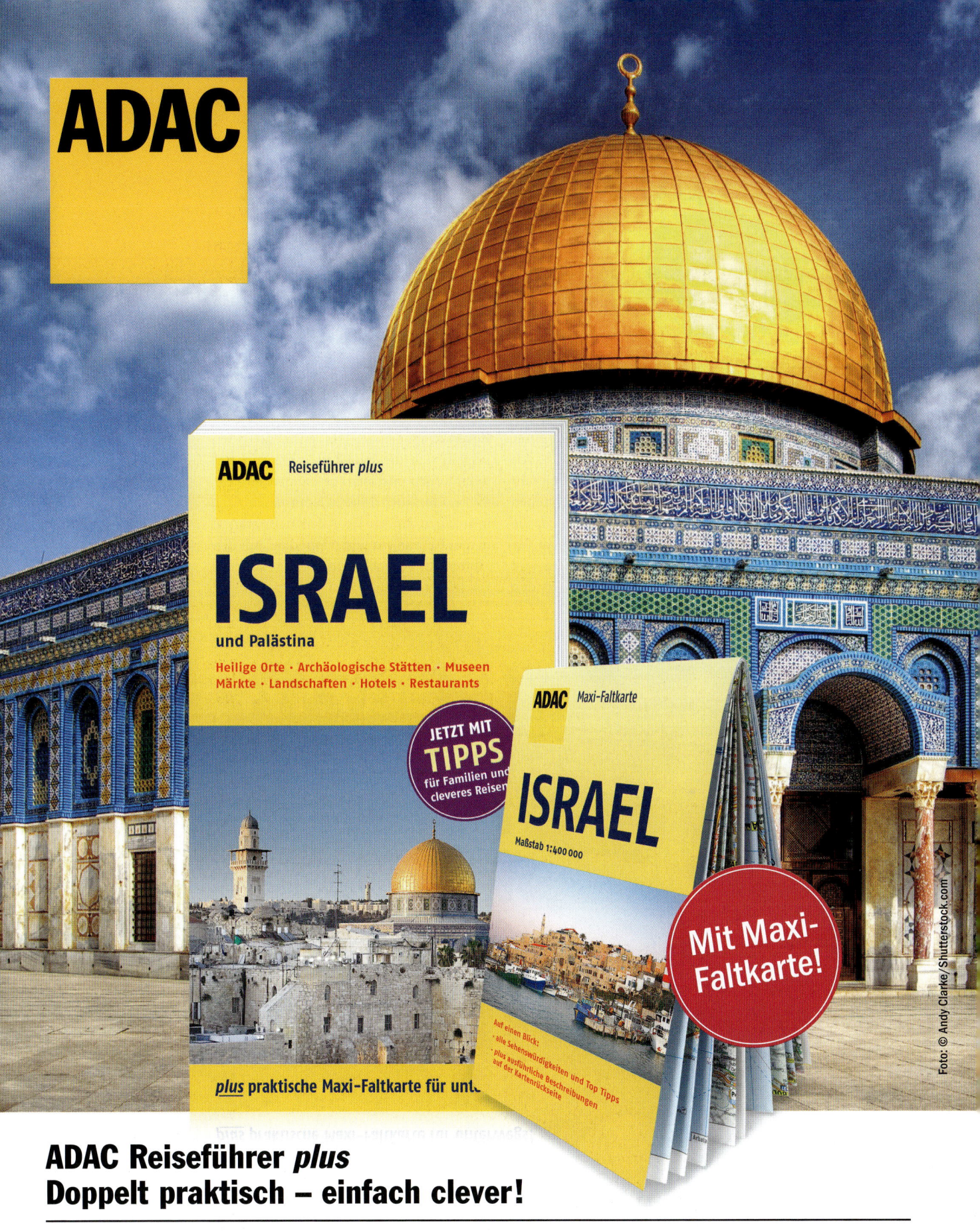

Foto: © Andy Clarke/Shutterstock.com

ADAC Reiseführer *plus*
Doppelt praktisch – einfach clever!

■ 350 bis 600 Sehenswürdigkeiten pro Band ■ mehr als 150 brillante Fotos ■ mit Tipps für Familien und cleveres Reisen ■ mit detaillierter Maxi-Faltkarte in hochwertiger Kunststofftasche ■ informativ, übersichtlich und fundiert auf 144 bzw. 192 Seiten

Überall, wo es Bücher gibt, und beim ADAC.   **www.adac.de/shop**

Markt-Wirtschaft

Von Glück kann ein Küchenchef sprechen, wenn er die besten
Lieferanten quasi vor der Restauranttür hat. Im Fall des Machneyuda
in Jerusalem teilen sich Lokal und Markt sogar den Namen

TEXT: Barbara Esser
FOTOS: Yadid Levy

Es war eine kurze Nacht. Drei Stunden Schlaf vielleicht. Egal. Auch das Leben ist kurz. Seit sieben Uhr steht Eliezer Mizrahi wieder in der offenen Küche des Restaurants Machneyuda, die der 32-Jährige erst vier Stunden zuvor verlassen hat. Es duftet nach Kräutern und frisch aufgeschnittenen Tomaten, aus den Boxen dröhnt Israel-Pop, auf dem Tresen stapeln sich die Behältnisse mit vorbereiteten Soßen und klein geschnipseltem Gemüse. Chefkoch Eliezer kippt einen Arak mit seinen jungen Co-Köchen, er stimmt in den Refrain ein und wippt dazu mit den Hüften. Es ist noch früh am Tag, aber der Rhythmus hat ihn schon wieder. $\longrightarrow$

Grünzeug: Chefkoch Eliezer Mizrahi mit knackigem Staudensellerie (ganz oben). Die Gewürze werden offen verkauft (o.)

Fangfrage: Nicht alle Meeresbewohner sind koscher, aber die Köche des Machneyuda lassen sich keine Grenzen setzen

Lachshaft: Wie alle Gerichte im Machneyuda
wechseln auch die Vorspeisen täglich. Hier Graved Lachs
mit Roter Bete – die Beilagen in Aluschalen

Rundumbetreuung: Wenn es in Jerusalem kalt
wird, wärmt eine Suppe mit Kubbeh, mit Hackfleisch gefüllten Knödeln aus Weizenschrot

Alles an diesem Ort, nordwestlich der Jerusalemer Altstadt, scheint einem eigenen Beat zu folgen. Es ist ein treibender, anfeuernder Takt. Und er speist sich auch aus der Dynamik, die der benachbarte Machneyuda-Markt vorgibt. Ihm verdankt das Restaurant, das die beiden Starköche Uri Navon und Assaf Granit seit gut acht Jahren betreiben, seinen Namen. Und ein Stück weit auch seinen Ruhm.

„Der Markt ist der Ort unserer Inspiration", sagt Eliezer, während er durch das Marktgetümmel navigiert, um noch ein paar Dinge für das Mittagsmenü zu erstehen. Kubbeh-Suppe wird es geben (ein Klassiker im Machneyuda), Polenta mit grünem Spargel und das legendäre Shikshukit, das die Geschmacksvielfalt des Marktes symbolisiert: Tahini und Joghurt, kombiniert mit Lamm- und Rinderhackfleisch und einer Vielzahl von Gewürzen.

An diesem Freitagmorgen steht der Machneyuda-Markt kurz vor dem Siedepunkt. Weil alle bis zum Sabbat die Einkäufe erledigt haben müssen, herrscht freitags stets Hochbetrieb. In den dicht bevölkerten Gassen, die meisten davon überdacht, stehen die Händler hinter ihren Obst- und Gemüsebergen und schleudern die Tagespreise wie Gewehrsalven in die Menge: „Ein Kilo Mangold, acht Schekel!" – „Drei Granatäpfel heute nur fünf Schekel!" Andere ziehen scheppernd ihre mit Graffitikunst besprühten Ladenjalousien in die Höhe und legen die Ware aus. Liebevoll stapelt ein Bäcker seine Baklava zu einer Pyramide, nebenan wirft der Gewürzhändler seine Kurkuma-Mühle an.

Liebevoll stapelt ein Bäcker seine Baklava zu einer Pyramide

„Ich habe diesen Ort schon als Kind geliebt", sagt Eliezer, während er uns zu der Juice Bar in der Hatapuach Street dirigiert. Wenn er mit seinem Vater auf den Markt ging, den die Einheimischen nur Schuk oder Machneyuda nennen, war dieser Stand stets die erste Anlaufstelle. Eine Mandelmilch für den Filius, für den Vater einen Granatapfelsaft. „Die Gerüche, all die Köstlichkeiten, die vielen Menschen haben etwas Energetisches", sagt Eliezer und drängt weiter. Im irakischen Teil des Marktes kauft Eliezer je nach Tagesangebot gern Obst und Gemüse. „Hier sind die Preise vernünftiger, und die Ware ist genauso frisch", sagt er. Der Koch ersteht fünf Stück knackfrischen Stangensellerie für die Kubbeh-Suppe und ein paar Kilo Weintrauben. Alles aus Israel natürlich, regionale Ware hat hier wie im ganzen Land absoluten Vorrang.

Aus einer noch halb verrammelten Bar, die sich gegenüber ins Gemäuer duckt, duftet es nach frischem Gebäck. „Lust auf eine Empanada?!", ruft Eliezer. „Mein Freund Lucas macht die besten der Welt. Früher haben wir mal zusammen in der Küche gestanden." Irgendwann hatte Lucas genug von dem Stress am Herd und machte sich mit dem Empanada-Verschlag Argento selbstständig – ein Anklang an seine argentinische Heimat. Eliezer beugt sich unter der Ladenjalousie hindurch ins Dunkel der Bar. Lucas empfängt ⟶

Feuereifer: Calamari bekommen eine besonders rustikale Note, wenn sie kurz abgeflammt werden

Gutburgerlich: Handgemachte Fleischklopse sind angesagt – das Machneyuda legt eine Miniversion auf

ihn mit einem warmen Schulterklopfen und heißen Teigtaschen, gefüllt mit Hackfleisch oder Gemüse. „Wenn ich koche, will ich immer das Beste", sagt Lucas, der schon in einigen Restaurants rund um den Markt als Koch gearbeitet hat. Auch im Machneyuda hat er schon am Herd gestanden.

Dass das Lokal heute Kultstatus genießt, ist auch dessen Initialwirkung geschuldet. Das Machneyuda hat die Gegend um den Markt zu neuem Leben erweckt. „Als wir 2009 eröffnet haben, gab es hier nichts", erzählt Restaurantgründer Uri Navon. „Keine Bar, kaum ein Restaurant." Heute ist das Marktbiotop im Künstlerviertel Nachlaot eines der beliebtesten Ausgehreviere der Stadt. Manche nennen es das Soho Jerusalems. Uri Navon und sein Kompagnon Assaf Granit, der nebenbei in der populärsten Kulariksendung des Landes aufkocht, haben dazu beigetragen, dass das Treiben auch nach Budenschluss weitergeht. Abends, vor allem donnerstags, wandelt sich der Schuk zur Partyzone, füllen sich die Verkaufsstraßen mit jungem Feiervolk. Aus Dutzenden Bars dröhnt

Musik, und von den Verkaufstischen, auf denen tagsüber Gemüse thronte, baumeln nachts Beine. In kleinen Marktrestaurants wird getafelt, getanzt, Shishas dampfen auf niedrigen Tischen.

Ohne den Schuk, sagt Navon, hätte er sein Restaurant nicht eröffnet. „Es ist eine Hommage an den Markt, und es spiegelt seine Gebräuche." Die frischen Zutaten, die offene Küche, aus der die Lieder und Kommandos der Köche schallen, das Getöse der Händler, die Unmittelbarkeit, die täglich wechselnden Gerichte – es ist ein Spektakel, das längst auch Gäste aus dem feierwilligen Tel Aviv und ausländische Touristen anzieht. Mittlerweile gehören der Machneyuda-Gruppe sechs weitere Restaurants, darunter zwei in London und eins in Paris, sowie zwei Bars. Zusätzliche Dependancen sind geplant.

Dass die israelische Küche derzeit buchstäblich in aller Munde ist, sei eine Folge ihrer unglaublichen Vielfalt, erklärt Eliezer, während er sich seinen Weg zum Fischhändler bahnt. „Unser Land ist ein Schmelztiegel unterschiedlichster Kultu-

ren", sagt der Chefkoch, dessen Mutter aus Marokko und dessen Vater aus dem Irak stammt. „Alles mischt sich hier – zu unserem großen Vergnügen auch auf dem Teller." Vielleicht mehr als jeder andere Markt steht der Machneyuda für diesen Reichtum. Als Israels ältester Schuk versammelt er an seinen mehr als 250 Ständen von jeher die unterschiedlichsten Einflüsse, darunter arabische, irakische,

Das Marktangebot spiegelt die Stadt als Kulturschmelztiegel

syrische, türkische, sephardische, spanische. Nur schade, sagt Eliezer, dass es auf dem koscheren Markt keine Meeresfrüchte gebe. Im Machneyuda, das sich als eines der wenigen Restaurants im konservativen Jerusalem erlaubt, auf das Koscher-Zertifikat des Rabbinats zu verzichten, kommt selbst Seafood auf den Tisch.

Aber auch die butterzarten Räucherlachsfilets und in Salzlake   ⟶

Uriginell: Restaurantgründer Uri Navon gibt seinen Gerichten witzige Namen, die Zitronentarte etwa nennt er Sprite

Läuft: Das Machneyuda ist so erfolgreich, dass schon sechs Ableger eröffnet wurden. Weitere sind in Planung

Sündenfall: Seafood ist „treife", also nicht koscher.
Aber kaum einer kann zu den frischen
Meeresfrüchten in Arak-Orangenbutter Nein sagen

Löffelstellung: Bayrisch Creme mit Toffeesoße
(auf dem linken Besteckteil) über Kreuz mit „Twix",
einem Schokoladensnack mit Salzkaramell

gereiften Makrelen, die Nati in seinem Geschäft Eivgi zum Kosten über die Theke reicht, sind fabelhaft. Eliezer schwatzt ein bisschen mit dem Herrn der Fische und lässt sich Lachs einpacken. Dann geht's noch schnell auf einen Sprung in den Gewürzladen Ras el-Hanout. „Hier gibt es das beste Sumach – es kommt aus Hebron", erzählt Eliezer. Die gemahlenen Früchte des Essigbaums zählen zu den wichtigsten Gewürzen der israelischen Küche – neben

Mit einer Runde Arak rüsten sich die Köche für den Mittagsansturm

Ras el-Hanout, der landestypischen Mischung aus bis zu 25 Gewürzen, darunter Zimt, Kreuzkümmel, Anis, Nelken und Muskat. Für Eliezer kombinieren die Shopbesitzer die Zutaten nach dessen persönlichem Rezept. „Ich gebe es zum Lamm, auch zum Fisch, oft mit Joghurt", erzählt er.

Der Bauch hört mit und quittiert's mit Knurren. Nur gut, dass wir, nach einem

schnellen Snack im Falafelkiosk am Eck der Beit-Yaakov-Straße, wieder zurück im Restaurant sind, wo alle Tische und auch die Logenplätze an der offenen Küchenfront bereits gedeckt sind. Noch eine Stunde, bis die ersten Gäste kommen. Die Polenta ist vorgekocht, die Kubbeh-Suppe siedet seit Stunden, das Oliven-Kräuter-Bett, in dem sich später der wilde Seebarsch räkeln soll, ist bereitet. Wenn es losgeht, wird keine Zubereitung länger als sieben Minuten dauern. Eliezer setzt sich mit seinen sechs Köchen zum Briefing an den Tisch, eine Runde Arak für alle, das bevorstehende Mittagsspektakulum wird perfekt orchestriert sein und dabei so fröhlich-chaotisch wirken wie ein ausgelassenes Fest mit Freunden. „Happy food" wolle man servieren, hat Uri Navon erklärt, der einen Großteil der Gerichte komponiert und ihnen lustige Namen gibt.

Auf Eliezers Kommando dreht der Bartender die Musik auf. Elegant gewandetes Publikum strömt in den Raum – die Spiele können beginnen. Im Machneyuda ist die Küche die Bühne, und die Köche sind die

Hauptdarsteller. Sie tänzeln, sie singen, sie lassen tischhohe Flammen am Herd aufzüngeln – die Stimmung steigt schneller als ein Soufflee bei Idealtemperatur. Eliezer eilt zwischen Herd und Tischen hin und her, er trinkt und scherzt mit den Gästen, prüft dabei aber jedes Gericht, bevor es serviert wird. Nichts ist hier dem Zufall überlassen, so lässig es auch wirken mag.

Die Musik wird lauter, Gespräche und Gelächter füllen den Raum, darüber tönen die Kommandos der Köche. Es ist der Sound des Marktes. Irgendwann nach der Hauptspeise dreht der Bartender die Regler auf volle Lautstärke. Die Köche tanzen im Gastraum und schlagen im Takt auf ihre Pfannen. Eliezer deutet einen Bauchtanz an und singt aus voller Kehle, eine Dame zerschmettert, von ihm angefeuert, zwei Porzellanteller auf dem Boden, auf den Stühlen stehen Gäste und grooven im Takt. Das Kochen, hatte Eliezer zuvor noch erklärt, sei für ihn das Wichtigste im Leben. Wie auch nicht? Mehr Leben kann im Kochen gar nicht sein. ⎯

→ Info Kulinarik ab Seite 108

Bruchbude: Wenn sich der Machneyuda-Markt zur Partylocation wandelt, feiern im Restaurant Angestellte und Gäste fleißig mit. Und keinen kümmert's, wenn dabei der eine oder andere Teller zerschellt

Über den Tellerrand. *An den Herden der Gastroszene wirken Künstler, Zauberer oder Autodidakten – und alle lassen sich von den Kulturen der Region inspirieren*

AUS DER REPORTAGE

Machneyuda-Restaurant

Kultstatus genießendes Restaurant mit täglich wechselnden Gerichten und hohem Feierfaktor. So easy die Einrichtung, so erlesen das Essen mit täglich wechselndem Menü. Klassische Gerichte: Shikshukit und die Polenta mit grünem Spargel und Pilzen. Do.-Abend geht das Dinner nahtlos in eine lange Party über. Eine Reservierung Wochen im Voraus ist ratsam.
Jerusalem, Beit Yaakov St. 10 Tel. +972 (0)2/533 34 42 Geöffnet So.–Do. 12–15.45 und 18.30–24, Fr. 11.30–15, Sa. 19.15–24 Uhr www.machneyuda.co.il

Machneyuda-Markt

Die meisten Stände öffnen ab 9.30 Uhr. Es empfiehlt sich, früh zu kommen, wenn die Gassen noch vergleichsweise leer sind. Abends herrscht fliegender Wechsel, die Markthändler schließen ihre Buden, während nebenan die Barbesitzer ihre Tische auf die Gassen stellen. Bester Ausgehabend ist der Donnerstag.
Geöffnet So.–Do. 8–19, Fr. 8–15 Uhr Über „en.machne.co.il" können geführte Touren über den Markt gebucht werden, über „bitemojo.com" gibt es per App geführte Markttouren mit kleinen Probierstopps (ab 108 NIS)

RUND UM DEN MACHNEYUDA-MARKT

Azura

Mitten im „Shuk" betreibt der Koch Shabi seit fast drei Jahrzehnten diese Institution. Schlichtes Interieur, in der großen Durchreiche zur Küche simmern auf Kerosinöfchen Stund um Stund die köstlichen Suppen, Sofrittos und orientalisches Ochsenschwanz- oder Zucchinigulasch in mächtigen Töpfen. Shabi steht jede Nacht um halb vier auf, um die Schmorgerichte anzusetzen. „Sonst schmeckt es nicht", sagt er. Legendärer Hummus, Suppen ab 35 NIS.
Jerusalem, Ha-Eshkol St. 4 Tel. +972 (0)2/623 52 04 Geöff. tgl. außer Sa. 8–16 Uhr, Fr. brechend voll. Keine Website, Reservier. u. Kreditkarten

Rachmo

In einem alten Steinhaus am westlichen Rand des Marktes befindet sich dieses koschere Restaurant, das seit den Fünfzigern in Familienbesitz ist. Absolut authentische orientalische Küche zu sehr zivilen Preisen, ideal für einen schnellen Teller. Mit Reis gefüllte Zucchini 15 NIS, die legendäre Kube-Suppe mit Roter Beete 35 NIS.
Jerusalem, Ha-Eshkol St. 5 Tel. +972 (0)2/624 04 68 Geöffnet So.–Do. 8–19, Fr. 8 Uhr bis 1 Stunde vor Sabbatbeginn www.rol.co.il/sites/rachmo

01

04

02

01 Biblisch: Im Eucalyptus sind Gerichte nach Bibelszenen benannt

02 Himmlisch: Im Azura bereitet Koch Shabi vor allem Schmorgerichte

03 Natürlich: Das Obstangebot auf dem Machneyuda-Markt

04 Reichlich: Bei Uri Buri in Akko steht Fisch im Mittelpunkt des Menüs

03

Mona
15 Gehminuten vom Markt entfernt, aber der Abstecher lohnt sich. In einer von einem Park umgebenen ehemaligen Künstlervilla zaubern die jungen Köche Moshe Gamlieli und Itamar Navon Gaumenevents. Sie stehen für eine neue israelische Küche, die sich dem Mediterranen öffnet – mit einem weiteren koscheren Ableger namens Anna in der Stadt. Gehobene Preise, so auch das Ambiente. Herrlich z.B. das Sashimi von rotem Thunfisch mit Chiliöl und Laban-Frischkäse (64 NIS).
Shmuel ha-Nagid 12
Tel. +972 (0) 2 / 622 22 83

Geöff. So.–Do. 18.30 Uhr bis open end, Fr. 12.30–16.30 und 18 Uhr bis open end, Sa. 12.30 Uhr bis open end
www.monarest.co.il

IM ÜBRIGEN JERUSALEM

The Eucalyptus
Nur unweit der Altstadtmauern hat sich Chef Moshe Basson der „biblischen Küche" verschrieben: Viele seiner Gerichte nehmen Bezug auf bestimmte Bibelszenen. Basson hat die Slow-Food-Philosophie nach Jerusalem gebracht, er kocht koscher und mit regionalen sowie saisonalen Produkten. Seine Kreationen bieten eine kleine kulinarische Reise voller Überraschungen: Fischfalafel mit Kokosmilch etwa (48 NIS) oder das köstliche Jerusalem-Siniya, mit Minze aromatisiertes Lamm und Rind mit geduldig geröstetem Gartengemüse (98 NIS). Auch Kochkurse werden angeboten.
Felt Alley
Tel. +972 (0) 2 / 624 43 31
Geöffnet So.–Do. 17–23, Sa. 20.15–23 Uhr
www.the-eucalyptus.com

Amigo Emil
Ein Lichtblick unter den vielen Touristenfallen ist dieses einfache Restaurant im christlichen Viertel unweit der Grabeskirche: Orientalisches mit vielen Klassikern zu vertretbaren Preisen. Idealer Mittagssnack: die Mezze-Platte mit Auberginencreme, Hackbällchen und Hummus (40 NIS).
Al Khanqa St.
Tel. +972 (0) 2 / 628 80 90
Geöffnet Mo.–Sa. 11–21.30 Uhr, keine Website

IM ÜBRIGEN ISRAEL

Muma
Nach der Großmutter benannt und in einem vormaligen Kuhstall untergebracht, verströmt dieser Ort am Rande des Kibbuz Kiryat Anavim eine familiäre Behaglichkeit. Die Küche versetzt israelische Gerichte mit italienischem Twist, etwa Fischtatar mit Blumenkohl-Taboulé (52 NIS), dazu gibt es Wein von kleinen Boutique-Winzern aus den Judäischen Hügeln. Ab und an treten auch Musiker auf.
Abu Gosh, Kibbuz Kiryat Anavim (westl. v. Jerusalem)
Tel. +972 (0) 2 / 645 97 27
Geöffnet Sa. 12–17, 18–24, So. 18–24, Mo.–Do. 12.30–24, Fr. 12–24 Uhr
(E 4) * www.muma.co.il*

Ezba
In dem kleinen Dorf Rama engagiert sich Habib Daoud mit seiner Frau Minerva als kulinarischer Botschafter seiner libanesischen Heimat. Das Ezba bietet vorzügliche arabische Hausmannskost und setzt dabei ausschließlich auf saisonale Produkte. Viel Gemüse, z. B. Ofenaubergine mit Tahini 30 NIS. Sonntags und montags können Kochworkshops gebucht werden (320 NIS).
Rama (nordöstl. von Karmiel), Rama West Junction
Tel. +972 (0) 5 / 39 44 14 58
Geöffnet tgl. 12–21 Uhr
(B 4) www.ezba.rest.co.il

Uri Buri
Er gilt als Israels berühmtester Fischkoch und als eine Institution im Norden. In Akko hat Uri Buri einen gastfreundlichen Kosmos geschaffen, der seinesgleichen sucht. Neben dem Restaurant, wo er Fisch und Seafood auf einfache wie geniale Weise zubereitet, betreibt der weißbärtige Nachkomme deutscher Einwanderer eine Eisdiele und das nahe gelegene Efendi-Hotel in einem vormaligen osmanischen Palast. Ein Kulturenmix, der vom Team bis zum Teller reicht. Tipp: mediterraner roter Thunfisch mit Koriander und Labane 69 NIS (kleine Portion).
Akko, Ha-Hagana St.
Tel. +972 (0) 4 / 955 22 12
Geöffnet tgl. 12–23 Uhr
(B 4) www.uriburi.co.il

Herbert Samuel
Dieses preisgekrönte Restaurant gehört zu den bekanntesten im Großraum Tel Aviv / Herzliya. Es ist etwas hochpreisiger, bietet aber hervorragende, koschere Gerichte aus den Ländern rund ums Mittelmeer. Damit gilt es als zuverlässiger Tipp für alle Gourmets und Foodjournalisten. Klares Ambiente, offene Küche, beste Aussichten auf die Marina und das Meer.
Im Hotel The Ritz-Carlton 4655504 Herzliya Hashunit St. 4
Tel. +972 (0) 73 / 203 75 96
Lammschulter in Orangensoße 98 NIS
Geöffnet So.–Do. 12.30–15.30 und 18.30–23.30, Fr. 12.30–14.30 Uhr
(D 3) www.herbertsamuel.co.il

Weitere Adressen
Eine Auswahl empfehlenswerter Lokale finden Sie auch in den Infoteilen Bustour, Kibbuz, Tel Aviv / Mittelmeerküste, Totes Meer und Eilat. ———

Fotos: Laif / Malte Jaeger (2), Yadid Levy, PR

Herzlichen Dank
für einen neuen Abonnenten!

Vermitteln Sie Ihren Freunden, Nachbarn oder Bekannten ein Abonnement des ADAC Reisemagazins! Alle 2 Monate kommt die neue Ausgabe bequem, pünktlich und sogar portofrei ins Haus. Als Dankeschön wählen Sie zwischen Bargeld und attraktiven Prämien.

40 Euro in bar für Ihre persönlichen Wünsche

Sie möchten sich selbst etwas Schönes gönnen oder jemand ein hübsches Geschenk machen? Dann lassen Sie sich Ihre Prämie einfach in bar auszahlen. Für die Vermittlung eines 12-Monats-abonnenten erhalten Sie 40,– Euro.

TECHNAXX®
For Your Digital Entertainment

TECHNAXX Fitness Armband "Aqua TX-42", wasserfest, schwarz

■ 2,8 cm (1,10 Zoll) LED-Display ■ Zur Überwachung Ihrer Fitness, Ihres Schlafes und Ihrer Aktivphasen ■ Anzeige von Schritten, zurückgelegter Distanz und verbrauchter Kalorien ■ Uhr- und Datumsanzeige, Weckerfunktion mit Vibrationsalarm ■ Zugriff auf eine minutengenaue Statistik über die LED Anzeige ■ Energieverbrauch und Schlafdaten messbar und synchronisierbar ■ Unempfindlich gegen Kratzer, Abrieb, Stöße, Staub und Wasser ■ Wasserfestes Armband ■ Bluetooth 4.0 ■ Lithium 50mAh Akku ■ Akku Aufladezeit ca. 2 Std.; Stand-by Zeit: ca. 120 Std. ■ Kompatibilität: Apple iOS Geräte: iPhone 4S / 5 / 5S / 5C / 6, iPod touch 5, iPad 4, iPad mini / iPad, mini mit Retina-Display / iPad Air, Android Geräte: Samsung S3 / S4 / S5 / S6 / Galaxy Note 2 / Galaxy Note 3 (Apple iPhone iOS Version 7.0 oder höher) ■ Inkl. Micro USB Ladekabel, 3,5 mm Klinkenkabel ■ Material: Silikon, Kunststoff ■ Maße: ca. L25,0 x B1,7 x H1,0 cm ■ Gewicht: ca. 22 g ■ Farbe: schwarz

Nutzen Sie auch die Möglichkeit, einzelne Ausgaben des ADAC Reisemagazins und die dekorative Sammelbox zu bestellen!

Sichern Sie sich Ihre Prämie und schicken Sie die Karte gleich ab!

Gewinnen Sie einen neuen Abonnenten für das ADAC Reisemagazin!

Als Dankeschön können Sie zwischen fünf attraktiven Prämien wählen!

Am besten Postkarte sofort ausfüllen, abtrennen und abschicken!

Diese Prämie möchte ich haben!

Meine Wunschprämie für die Vermittlung eines neuen Abonnenten habe ich umseitig angekreuzt.

_____
Unterschrift

0 47 79 04

Deutsche Post ✆
ANTWORT

ADAC Verlag GmbH & Co. KG
Leser Service
74569 Blaufelden

0,45 €
die sich
lohnen!

Komplettieren Sie Ihre Sammlung …
(Titelauswahl siehe Rückseite)

… und nutzen Sie die dekorative Sammelbox!

Für einen ganzen Jahrgang. Aus hochwertigem Acryl mit praktischen Griffmulden.

Am besten Postkarte sofort ausfüllen, abtrennen und abschicken!

JA, ich will die Sammelbox. Bitte schicken Sie mir ___(bitte Anzahl eintragen) Exemplar/e zum Preis von nur € 8,80 pro Stück zzgl. Versandkostenanteil von € 1,80. Im Ausland: Lieferung nur gegen Vorkasse per Scheck zzgl. € 3,– Versandkostenanteil.

JA, ich will Einzelausgaben des ADAC Reisemagazins bestellen. Bitte senden Sie mir gegen Rechnung zzgl. € 1,50 Versandkostenanteil den/die umseitig genannten Titel (Anzahl der gewünschten Exemplare bitte eintragen). Im Ausland: Lieferung nur gegen Vorkasse per Scheck zzgl. € 3,– Versandkostenanteil pro Lieferung.

_____
Name, Vorname

_____
Straße, Nr.

_____
PLZ   Wohnort

_____
Unterschrift

001 13.99

001 13.99

Deutsche Post ✆
ANTWORT

ADAC Verlag GmbH & Co. KG
Leser Service
74569 Blaufelden

0,45 €
die sich
lohnen!

Ich will abonnieren

JA, ich bestelle das ADAC Reisemagazin im Jahres-Abo.
Ich bekomme 6 x im Jahr alle 2 Monate ein ADAC Reisemagazin portofrei ins Haus geliefert. Mein Vorteilspreis als Abonnent beträgt pro Heft derzeit € 7,80 (ca. 13% Preisvorteil), pro Jahr € 46,80. Preisänderungen vorbehalten. Nach 1 Jahr kann ich jederzeit kündigen. Auslandsversand: nur innerhalb Europas mit € 9,– Versandkostenbeteiligung pro Jahr möglich.

_____
Name, Vorname

_____
Straße, Nr.

_____
PLZ   Wohnort

ADAC-Mitglied (bitte ankreuzen) ☐ ja   ☐ nein

Zahlungsweise gegen Jahresrechnung. Bitte keine Vorauszahlung.

Das ADAC Reisemagazin wurde in den letzten 12 Monaten an diese Adresse nicht im Abonnement geliefert. Der neue Leser und der Werber gehören nicht demselben Haushalt an.

Ich will die Prämie

JA, ich möchte als Dank für die Vermittlung des neuen Abonnenten die angekreuzte Prämie. Bitte schicken Sie mir diese, sobald der neue Abonnent die Rechnung beglichen hat.

☐ 40 Euro in bar

☐ TECHNAXX Fitness Armband „Aqua TX-42", wasserfest, schwarz

☐ TRAVELITE Reisetaschen-Set „Orlando" , 2-tlg.,schwarz

☐ SEVERIN Smoothie-Maker „Mix & Go" , weiß/grün

☐ BestChoice Universalgutschein im Wert von 45 Euro

_____
Name, Vorname

_____
Straße, Nr.

_____
PLZ   Wohnort

Sichern Sie sich Ihren Wunschtitel!

Interessiert Sie ein spezieller Titel des ADAC Reisemagazins? Fehlt noch einer in Ihrer Sammlung? Einfach ankreuzen und nachbestellen! Ihr Vorteil: schnelle und bequeme Lieferung per Post nach Hause.

Nutzen Sie die stabile Sammelbox!

Für alle, die ihre Sammlung angemessen aufbewahren und schützen wollen, gibt es die praktische Sammelbox. Besonders dekorativ und aus hochwertigem Acryl gefertigt, fasst sie einen kompletten Jahrgang. Jetzt für nur € 8,80 zzgl. € 1,80 Versandkostenanteil bestellen!

☐ SÜDTIROL	RF 00127	€ 8,10
☐ TESSIN	RF 00128	€ 8,10
☐ HAMBURG	RF 00129	€ 8,10
☐ PIEMONT	RF 00130	€ 8,10
☐ IRLAND	RF 00131	€ 8,10
☐ THÜRINGEN	RF 00132	€ 8,10
☐ GARDASEE	RF 00133	€ 8,10
☐ WALLIS	RF 00134	€ 8,10
☐ ROM	RF 00135	€ 8,10
☐ BAYERN	RF 00136	€ 8,10
☐ SÜDSCHWEDEN/STOCKHOLM	RF 00137	€ 8,10
☐ PRAG	RF 00138	€ 8,10
☐ KROATIEN	RF 00139	€ 8,10
☐ LUZERN VIERWALDSTÄTTERSEE	RF 00140	€ 8,10
☐ LISSABON	RF 00141	€ 8,10
☐ GRIECHENLAND	RF 00142	€ 8,10
☐ ALPEN	RF 00143	€ 8,10
☐ PARIS	RF 00144	€ 8,10
☐ TOSKANA	RF 00145	€ 8,10
☐ AMSTERDAM	RF 00146	€ 8,10
☐ SCHWEIZ	RF 00147	€ 8,10
☐ NORDSEE	RF 00148	€ 8,10
☐ ANDALUSIEN	RF 00149	€ 8,10
☐ MÜNCHEN	RF 00150	€ 8,10
☐ DOLOMITEN	RF 00151	€ 8,10
☐ BUDAPEST	RF 00152	€ 8,10
☐ BASKENLAND	RF 00153	€ 8,10
☐ SÜDENGLAND	RF 00154	€ 8,10
☐ SCHWEIZ	RF 00155	€ 8,10
☐ SÜDAFRIKA	RF 00156	€ 8,10
☐ SARDINIEN	RF 00157	€ 8,95
☐ NORWEGEN	RF 00158	€ 8,95
☐ FRANZÖSISCHE SCHWEIZ	RF 00159	€ 8,95
☐ DRESDEN	RF 00160	€ 8,95
☐ KANARISCHE INSELN	RF 00161	€ 8,95
☐ OBERÖSTERREICH	RF 00162	€ 8,95
☐ ISRAEL	RF 00163	€ 8,95

TRAVELITE Reisetaschen-Set "Orlando", 2-tlg., schwarz

Set bestehend aus Trolley und Kulturtasche
Trolley: ■ Arretierbares Alugestell ■ Kugelgelagerte leicht laufende Inliner-Rollen mit Kantenschutz ■ Reißverschlusstasche vorn ■ PVC Bodenschutz ■ Farbe: schwarz ■ Material: Polyester 600D ■ Maße: ca. B35 x H70 x T34 cm

Kulturtasche: ■ Praktischer Haken zum Aufhängen ■ Diverse Taschen und Steckfächer ■ Reißverschlusstasche vorn ■ Material: Polyester 600D ■ Maße: ca. B26 x H15 x T10 cm ■ Gewicht Set: ca. 2,9 kg ■ Farbe: schwarz

SEVERIN Smoothie-Maker "Mix & Go", weiß/grün

Mixer und Trinkbehälter in einem ■ Praktisch für unterwegs, im Büro und beim Sport ■ 2 spülmaschinengeeignete, abnehmbare Trinkbehälter aus Tritan (Bisphenol A frei) inkl. Deckel ■ 1 Geschwindigkeitsstufe ■ Leichte Reinigung ■ Fassungsvermögen: ca. 600 ml ■ Verarbeitung ganzer Früchte, ausgenommen Schale und Kerne ■ Zubereitung ohne zusätzliche Flüssigkeit möglich ■ Edelstahlmesser ■ Sicherheitsabschaltung ■ Rutschfeste Gummifüße ■ Leistung: 300 Watt ■ Gewicht: ca. 1,7 kg ■ Farbe: weiß/grün

Best Choice Universalgutschein im Wert von 45 €uro

Einlösbar bei über 200 Anbietern mit mehr als 25.000 Akzeptanzstellen. Wählen Sie beliebig aus bekannten Handelsmarken, Spezialanbietern, stationärem Handel und Online-Shops. Der Gutscheinwert ist auf mehrere Partner aufteilbar.

Sichern Sie sich Ihre Prämie und schicken Sie die Karte gleich ab!

Spurensuche

Der Jesus Trail, ein Wanderweg zwischen Nazareth und dem
See Genezareth, macht Glaube, Religion und die Heilige Schrift
erlebbar. Ein Gedankengang in Galiläa

TEXT: Agnes Fazekas
FOTOS: Corinna Kern

Ruhesitz: Autorin Agnes Fazekas
genießt den Ausblick auf den See
Genezareth nach einer mehrtägigen
Wanderung auf dem Jesus Trail

Schrittweise: Autorin
Agnes Fazekas nähert sich dem
Zippori-Nationalpark

W ährend sich die Altstadt von Nazareth den Schlaf aus den Augen reibt, arabische Händler Granatäpfel stapeln und die ersten Falafel ins heiße Öl tauchen, warten vor der Verkündigungsbasilika schon die Pilgergruppen. Die größte Kirche im Nahen Osten steht da, wo der Erzengel Gabriel einst Maria die unerwartete Schwangerschaft verkündet haben soll. Im Reisebus hat man das Heilige Land schnell erfasst. Klick, klick. Alle da? Und weiter geht's.

Ich will mehr. Und so finde ich mich an diesem Morgen zwischen den alten osmanischen Mauern des Fauzi Azar Inn wieder. Die Herberge versteckt sich in der letzten Windung des Schneckenhauses, das die Altstadt bildet – und ist Ausgangspunkt eines Abenteuers, das sich hinter einer schlichten Bibelzeile verbirgt: „Er verließ Nazareth, um in Kafarnaum zu wohnen, das am See liegt."

Warenhaus:
Ein Händler
in der Altstadt
von Nazareth

Wunderschön:
Die Hochzeits-
kirche von
Kafar Kanna

Zwischen Jesus' Heimatstadt und dem Fischerdorf am See Genezareth liegen 65 Kilometer Wanderstrecke. Seit 2007 schlängelt sich hier der Jesus Trail von Hügelkuppe zu Hügelkuppe, von Dorf zu Dorf. Dass es sich keinesfalls um ausgetretene Pfade handelt, wird klar, als mein Gegenüber auf die Karte zeigt und mit dem Lächeln eines Seelsorgers Tipps gibt wie: „Hier musst du über eine Art Schrotthalde hinunterfinden." Kyley hat seine Schauspielkarriere in London auf Eis gelegt, um ein paar Monate lang als freiwilli-

ger Betreuer des Jesus Trail zu arbeiten. Er will seinen Frieden mit dem Glauben ausgerechnet in dem Land machen, in dem sich manche Gläubige aufs Härteste bekämpfen – und ist damit der perfekte Botschafter für das Projekt: Als der Israeli Maoz Inon und der Amerikaner David Landis eine attraktive Wanderstrecke suchten, wollten sie die Vielfalt der Kulturen erlebbar machen, die sich das kleine Land teilen. Mit einem Pfad, der Wanderern den Horizont öffnet – und eine Brücke zwischen den Einheimischen schlägt.

Über sandsteinfarbene Stufen entlässt mich die Altstadt, und ich folge den Spuren von Jesus' Ziehvater. Der Freiwillige hatte erklärt: „Nazareth war damals winzig, seiner Arbeit als Zimmermann ist Joseph wohl in Zippori nachgegangen."

Stock-Werk: Eine Gruppe muslimischer Schüler macht Selfies bei den Hörnern von Hittin, einem erloschenen Vulkan

Damals eine blühende Handelsstadt, heute eine archäologische Stätte, die da unten im Tal zwischen Feldern und Wäldern verborgen sein muss.

Da die Kaktusfeigen bereits bizarre Schatten werfen und sich die orange-weißen Wegmarkierungen gut verstecken, lasse ich meine GPS-App navigieren. Wie eine Wünschelrute leitet mich das Smartphone hügelabwärts auf einen Feldweg. Im Wettlauf mit der Dämmerung erreiche ich den Zippori-Nationalpark und kann gerade noch einen Blick auf die Mosaike werfen, die den vergangenen Reichtum der Stätte zeigen.

Das GPS führt mich weiter durch das muslimische Örtchen Maschhad, in dessen Moschee die Gebeine von Jona liegen sollen, der von einem Walfisch verschluckt wurde und überlebte, ins Nachbardorf Kafar Kanna, den vielleicht fröhlichsten Pilgerort der Welt. Hier hat Jesus keine Wunderheilung vollbracht und keine Armen gespeist. Nein, im biblischen Kana ging schlicht der Wein aus. Auf einer Hochzeitsfeier! Also soll

Gottes Sohn für Nachschub gesorgt haben. Kein Wunder, dass man sich in Kafar Kanna über Gastfreundschaft definiert – wie das arabisch-christliche Ehepaar Sami und Suad Bellan beweist. Dass die beiden auch nach ihrer goldenen Hochzeit noch so verliebt wirken, liegt sicher auch daran, dass sie von der Terrasse ihres Gästehauses direkt auf die Hochzeitskirche blicken, in der jedes Jahr Tausende Ehepaare ihren Schwur erneuern – und darauf ein Glas Wein trinken.

Am Frühstückstisch taucht Sami sein Pitabrot erst ins Olivenöl und dann in eine Schale mit wildem Thymian. „Macht schlau", sagt er. Die Bellans haben früher einen Souvenirladen betrieben. Als sie sahen, dass man Wegweiser an die Dorfmauern malte, bauten sie ihr Wohnhaus zur Herberge um. Ihr Sohn sammelt irrende Wanderer ein, und Suad bereitet Picknickkörbe. Manchmal wandert sie selbst. Am liebsten im März, wenn die Hügel aussehen, als hätten Tausende von Brautjungfern Blümchen gestreut. ⟶

Jetzt, im Herbst, ist es das pudrige Rot der Granatäpfel, das den Wegrand tupft. Und nach wenigen Stunden über wilde Felder sind es Zitronen, die unter den Gartenzäunen von Ilaniya hindurch auf die Straße kullern. Die kleine Siedlung war 1899 für jüdische Einwanderer gegründet worden und kurzzeitig Wohnort von Ben Gurion, dem ersten Premierminister Israels. Bis zum Krieg von 1948 lebten die jüdischen Bauern neben einem arabischen Dorf. Heute findet man von diesem nur noch Ruinen. Es ist nicht leicht, die Unterkunft Yarok Az Ecological Farm zu finden. Nachdem ich von blökenden Schafen begrüßt wurde, erklärt die junge Gastgeberin Hadar Barkai: „Bei uns läuft das nebenher. Aber wer uns entdeckt, ist willkommen." Folgerichtig herrscht das Gesetz der Selbstversorgung: Der Dorfsupermarkt ist nicht weit, und ich darf Salat aus dem Gemüsebeet zupfen.

Wieder einmal wechselt die Landschaft, öffnet sich der Blick, den die Hügel zuvor verengt

hatten, und ich steige den Hörnern von Hattin entgegen, einem Doppelgipfel, unter dem einmal ein Vulkan brodelte. Heute weiden urtümlich wirkende Rinder an seinem Fuß. Eine muslimische Schulklasse steigt von der Südflanke auf die Hörner. Dort erinnert ein Denkmal an die Schlacht von Hattin, die größte Niederlage der Kreuzritter gegen Saladin. Während die Mädchen ihren bunten Hidschab für Selfies ordnen, lassen sich die Jungs auf die Knie fallen, um zu beten. Am höchsten Punkt angelangt, muss ich an den freiwilligen Helfer denken. Das sei der ergreifendste Moment, meinte er. Nicht nur, weil die Hälfte der Strecke geschafft ist: Weit unten, hinter Feldern, die noch grau sind von der Sommerhitze, flimmert unwirklich ein silbriger Spiegel. Es ist der See Genezareth, an dessen Ufer Jesus einst seine Jünger versammelte.

Das Quietschen windgepeitschter Bambusstauden in den Ohren, klettere ich über Felsbrocken hinab – und als ob das Land jetzt mit jedem Schritt zeigen wolle, was noch alles in ihm steckt, führt der Trampelpfad auf eine Promenade, gesäumt von Palmen und Blumenrabatten. An ihrem Ende schmiegt sich ein Palast aus weißem Stein in die Talkerbe: Nabi Schuaib, der heiligste Ort der Drusen. Wenn ich den wortkargen Hüter richtig verstehe, liegt unter dem Tuch der Schrein von Moses' Schwiegervater. Die drusische Minderheit zeichnet sich nicht nur durch politische Loyalität aus, sondern auch durch die strenge Geheimhaltung und Abschottung ihrer Religion. Und vielleicht ist es diese Unaufdringlichkeit, die mich endlich selbst in spirituelle Stimmung bringt.

Das Timing stimmt, denn die nächsten Stunden wandle ich in einem Talkessel zwischen uralten Olivenhainen. So alt, dass sich an den knorrigen Stämmen vermutlich schon die Kreuzfahrer ausgeruht haben. Verdrängen lässt sich weder die Religion noch der ewige Streit darum. Wie ein mahnender Zeigefinger sticht ein Mina-

Bildhaft: Einrichtungsdetails im Gästehaus von Kafar Kanna

rett aus einer zerfallenen Moschee am Wegrand. Meine Unterkunft finde ich trotz völliger Dunkelheit: Das Arbel Guest House liegt so geordnet am Hang wie eine deutsche Reihenhaussiedlung. Den Herbergsgroßvater Israel Shavit schrecke ich aus einem Schlummer, dann füllt sich der Gastraum schnell. Das Arbel ist ein beliebtes Ziel, auch deshalb, weil Shavit im Keller eine winzige Delikatessenmanufaktur betreibt.

Auf dem Pfad, den ich am Vorabend blind hinaufgestolpert bin, überrascht mich am nächsten Morgen die Ruine einer der ältesten Synagogen der Welt. Der frei stehende Türsturz wirkt wie die Pforte zu einem anderen Land. Keine sanften Hügelkuppen zeichnen den Horizont weich, stattdessen fräst das harsch abreißende Gipfelplateau des Arbel ein Guckloch hinein. Kaum eine halbe Stunde später stehe ich am Rand dieser Klippe. Was von den Hörnern aus betrachtet noch wie eine Wetterspiegelung wirkte, liegt nun klar vor mir. Das Ziel fest im Blick, geht es plötzlich ganz schnell und auf direktem Weg hinunter. Leichte Kraxelei über Schrofen und Eisenleitern, und schon habe ich das Beduinen-

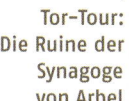

Tor-Tour: Die Ruine der Synagoge von Arbel

Kreuz und quer: Der deutsche Benediktinerpater Jonas ist im Kloster Tabgha für die Gäste zuständig

dorf im Tal passiert – und lande in einer mit Netzen verhängten Bananenplantage.

Ein Stückchen Strand am See Genezareth, menschenleer, ein Plastikstuhl – nur für mich. Ich werde ganz rührselig, als ich meine heiß gelaufenen Füße ins Wasser tauche. Die Kuppen und die Täler. Das Schmutzige und das Schöne. Oder wie der deutsche Pater Jonas vom Benediktinerorden in Tabgha später seufzend meint: „Irgendwas hat dieses Land. Kein Wunder, dass es so umkämpft ist. Hier prallen Gegensätze aufeinander: Das ist das konzentrierte Leben."

Der See liegt friedlich da. „Hier bekommt der Glaube eine ganz andere Tiefe", sagt der Pater. In der Kirche von Tabgha erinnert ein Mosaik an das Wunder der Brotvermehrung. Im benachbarten Kafarnaum soll Jesus mit seinen Jüngern gelebt, auf einem Hügel davor die Bergpredigt gehalten haben. Das Neue Testament wird vor meinen Augen zu einem Bilderbuch. Die Brüder feiern ihre Gottesdienste am Ufer, wo die Blätter einer Pappelfeige im Wind flüstern – manchmal guckt ein Klippdachs vorbei. Hier muss man niemanden übers Wasser laufen sehen, um an einen höheren Sinn zu glauben. ——

→ Info Wandern ab Seite 118

Wandersam. *Organisiert oder individuell, auf den Spuren der Bibel oder ganz weltlich, Stadtspaziergang oder komplett von Nord nach Süd – zu Fuß in Israel ist (fast) alles möglich*

JESUS TRAIL

Der aus einer Privatinitiative hervorgegangene, 65 km lange Wanderweg zwischen Nazareth und Kafarnaum verbindet Stationen aus dem Leben Jesu und historische Sehenswürdigkeiten vor einer attraktiven Landschaftskulisse. Die Tour lässt sich bequem in vier Etappen mit Übernachtungen in Kafar Kanna, Ilaniya und Arbel bewältigen, nur der Abstieg von den Klippen von Arbel ist etwas anspruchsvoller. Mit gemäßigten Temperaturen sind die Monate Februar bis Mai sowie Oktober bis November die beste Wanderzeit. Für Individualwanderer sind das Buch „Hiking the Jesus Trail" von Initiator David Landis und Anna Dintaman sowie die Navigations-Apps „Trailze" und „Amud Anan" hilfreich.
www.jesustrail.com

Spurensuche: Zwischen Nazareth und Kafarnaum markieren weiß-orange Wegweiser auf Felsen und Bäumen den Jesus Trail

[Karte: Kafarnaum, Tabgha, Arbel, Hörner von Hattin, See Genezareth, Kafar Kanna, Ilaniya, Nazareth]

ANSCHAUEN

Nazareth

Wo Jesus aufwuchs und predigte, leben heute 75 000 Menschen in der größten arabischen Stadt Israels. Mit mehr als 20 Kirchen ist sie auch eines der landesweit wichtigsten christlichen Zentren. An der Stelle, wo der Erzengel Gabriel Maria die Geburt Christi ankündigte, entstanden nacheinander fünf Gotteshäuser, als letztes 1969 die nach Plänen des Italieners Giovanni Muzio errichtete Verkündigungsbasilika. Mit einer 57 m hohen Kuppel ist sie die größte Kirche im Nahen Osten.
www.nazarethinfo.org

Kafar Kanna

Der Name der heutigen Stadt erinnert an das biblische Kana, wo Jesus durch die Verwandlung von Wasser in Wein die gute Laune einer Hochzeitsgesellschaft rettete. Im 4. Jh. stand hier eine Synagoge, nach ihrer Zerstörung eine Moschee, zu guter Letzt die sogenannte Hochzeitskirche der Franziskaner. Heute erneuern darin Ehepaare aus aller Welt ihr Hochzeitsgelübde.

Nabi Schuaib

Unterhalb der Hörner von Hattin mit prächtiger Aussicht auf den See Genezareth überrascht ein großes, moscheeartiges Bauwerk. Es steht über dem Grab des Jethro, Schwiegervater von Moses, und ist seit Jahrhunderten ein wichtiges Pilgerziel der Religionsgemeinschaft der Drusen. Besonders lebhaft geht es hier immer am 25. April zu, wenn die wichtigste Wallfahrt gefeiert wird. Besucher sollten ihre Schuhe ausziehen, eine Kopfbedeckung tragen und dürfen in der Grabstätte des Propheten nicht fotografieren.

Tabgha

Tausende Menschen zu sättigen wäre ohne die Vermehrung von Fisch und Brot unmöglich gewesen. Auch hier steht über einem biblischen Ort eine Kirche aus der Neuzeit, 1982 im byzantinischen Stil errichtet und von Benediktinern verwaltet. Anrührend sind die byzantinischen Bodenmosaike, v. a. zwei Fische, die die Brote einrahmen. Aus dem Boden ragt die Mensa Christi, der Fels, auf dem das Wunder stattfand. In den wenigen Zimmern des Gästehauses der Benediktiner kommen vor allem am Klosterleben Interessierte unter, Wanderer können im benachbarten Pilgerhaus übernachten.
www.tabgha.net

Kafarnaum

Am Nordufer des Sees Genezareth predigte Jesus, vollbrachte Wunder und ernannte seine ersten Jünger, darunter Petrus. Über dessen Haus stand schon um 450 n. Chr. eine achteckige Gedächtniskirche, über deren Resten (sie sind durch einen Glasboden sichtbar) wiederum die moderne Petruskirche aus den Achtziger-

01

01 Versüßt: Israel Shavit, Inhaber des Arbel Guest House, Koch und Chocolatier

02 Verklärt: Der Gospel Trail führt zur Franziskaner-Basilika auf dem Berg Tabor

03 Geborgen: Das Fauzi Azar Inn in Nazareth

04 Gebacken: Fladenbrot, eine der Spezialitäten in Nazareth

jahren auf Strebestützen schwebt. Die Architekturfragmente einer dreischiffigen Basilika mit Atrium und korinthischen Säulenreihen vermitteln einen Eindruck von der alten Pracht des Ortes.
www.biblewalks.com/sites/Capernaum.html

ÜBERNACHTEN

Fauzi Azar Inn
16125 Nazareth
Tel. +972 (0) 4 / 602 04 69
14 Zimmer: DZ ab 300 NIS, inkl. Frühstück
www.abrahamhostels.com/nazareth

Cana Guest House
16930 Kafar Kanna
Churches Street
Tel. +972 (0) 4 / 651 71 86
18 Zimmer: DZ 330 NIS, Frühstück 35 NIS
www.canaguesthouse.com

Yarok Az Ecological Farm
15255 Ilaniya
Tel. +972 (0) 54 / 255 87 91
4 Zimmer: DZ ab 330 NIS, Selbstverpflegung
www.yarok-az.com

Arbel Guest House
15282 Arbel
Tel. +972 (0) 4 / 679 49 19
5 Zimmer: DZ 300 NIS, Frühstück 35 NIS
www.en.4shavit.com

Pilgerhaus Tabgha
1495000 Migdal
Tel. +972 (0) 4 / 670 01 00
72 Zimmer: DZ 335 NIS, inkl. Frühstück
www.heilig-land-reisen.de

WEITERE ROUTEN

Gospel Trail
Der 60 km lange, vom Tourismusministerium empfohlene Weg verläuft auf einer mit dem Jesus Trail fast identischen Route, umgeht aber arabische Dörfer. Dafür werden z. B. Bootsfahrten auf dem See Genezareth und ein Abstecher zum Berg Tabor vorgeschlagen, dem Ort der Verklärung Jesu Christi.
www.holyland-pilgrimage.org/de (unter „Aktivitäten"/ „Dem Glauben folgen")

Israel National Trail
Die Society for the Protection of Nature in Israel (SPNI) richtete 1995 diesen Fernwanderweg vom Kibbuz Dan nahe der Grenze zum Libanon nach Eilat am Roten Meer ein – 1100 km sind markiert. Die Vielfalt an Landschaften zwischen den Jordanquellen und der Wüste ist ebenso groß wie die der Kulturräume. Übernachtet wird in Field Schools der SPNI, in Kibbuzim und bei den hilfsbereiten Trail Angels: Bei den ehrenamtlichen Helfern, die nahe dem Trail leben, können sich die Wanderer verpflegen und duschen.
www.natureisrael.org/int

Jerusalem Trail
Bei dieser zweitägigen Wanderung stehen Geschichte und Kultur im Vordergrund; westlich der Stadt wird eine abwechslungsreiche Landschaft durchquert. Der 44 km lange Rundkurs führt von Sataf im Westen nach Jerusalem und zurück. Dabei werden u. a. die Altstadt, der Ölberg, die Gedenkstätte Yad Vashem und der Garten Gethsemane passiert. Außerhalb der Stadt verläuft der Trail meist auf breiten Feldwegen. Da die Markierung nicht optimal ist, lädt man sich am besten die App „Outdooractive" für die Offline-Nutzung herunter.
http://bit.ly/2ENo0jz

INFORMATIONEN

Staatliches Israelisches Verkehrsbüro
Das Büro informiert auf seiner Website zu diesen und einer Reihe weiterer Routen ganz unterschiedlicher Länge für Wanderer und Mountainbiker. Sie reichen von Stadtrundgängen in Jerusalem bis zur Radtour in der Negevwüste. Dazu gibt es Verweise auf Hostels an den Strecken.
www.goisrael.de/hosteltrail

Wanderführer
Im Rother Verlag ist 2017 der erste deutschsprachige Wanderführer für Israel erschienen. Er umfasst 41 Wanderungen – vom Spaziergang in der Dünenlandschaft über Touren durch Wadis bis zu Gipfelbesteigungen. Ergänzend stellt er den Bezug dieser Orte zu historischen und biblischen Begebenheiten her.
www.rother.de ——

Ganz koscher

Im Heiligen Land wurde schon Wein getrunken, als die Bewohner der Toskana noch in Höhlen hausten. Die Tropfen der Flam Winery begeistern Genießer – und erhalten auch den Segen von Rabbinern

TEXT: Peter Münch
FOTOS: Sivan Askayo

Leseprobe: In den Weinbergen können die Brüder Golan (rechts im Bild) und Gilad Flam mit anpacken, koscheren Wein indes dürfen nur strenggläubige Juden machen

Drüben auf dem Hügel verliert sich Jerusalem, das wuchtige Hadassah-Hospital wirft lange Schatten, und Autos, klein wie Matchbox-Spielzeug, rollen in der Ferne vorüber. Hier aber, zwischen den grünen Reben, herrscht fast meditative Ruhe. Nur der trockene Boden knirscht unter den Stiefeln, während Golan Flam seinen Weinberg abschreitet. Er bleibt stehen und wiegt die Trauben in der Hand. „Vor vier Jahren haben wir hier gepflanzt, in diesem Jahr wird zum ersten Mal geerntet", sagt er. „Das ist kein leichtes Land hier, viele Steine und felsiger Boden. Mancher Weinstock hat da schon zu kämpfen."

Golan Flam scheut solche Mühen nicht. 48 Jahre ist er alt, sonnengegerbt natürlich, das bleibt nicht aus. Er ist keiner, der es sich leicht macht. Körper und Wille sind gestählt vom Marathontraining, vor allem aber hat er einen Traum: Er will das Judäische Bergland wieder zum Weinland machen. Er schwärmt von den alten Terrassen auf den steilen Hügeln, die oft noch aus biblischen Zeiten stammen. Von den wärmegefluteten Tagen und den kühlen Nächten, die dem Wein so guttun. Vom feuchten Wind, der vom 35 Kilometer entfernten Mittelmeer hinaufweht, und von der trockenen Hitze, die aus der nahen Judäischen Wüste kommt. „Man kann keine großen Mengen gewinnen, aber Weine in Top-Qualität", weiß er.

Das Weingut Flam, zwischen Tel Aviv und Jerusalem gelegen, wurde 1998 als Familienbetrieb gegründet und ist heute Teil eines israelischen Weinwunders. Natürlich hat der Rebensaft reichlich Tradition im Heiligen Land. An mehr als 500 Stellen wird der Wein im Alten und im Neuen Testament erwähnt. Noah soll nach der Sintflut den ersten Weinberg angelegt und das Produkt auch reichlich verkostet haben, so steht es im 1. Buch Mose. Und Jesus hat gewiss nicht zufällig bei seinem allerersten Wunder auf der Hochzeit zu Kana Wasser in Wein verwandelt.

Andererseits aber galt Israel in den 2000 Jahren danach in Sachen Weinbau bestenfalls als Entwicklungsland. Israelischer Wein war noch bis vor wenigen Jahren verschrien als süße Plörre, die man nur bei religiösen Ritualen trinken konnte. Doch auch diese Zeiten sind vorbei – und dass sie sich so rasch und gründlich geändert haben, hat sehr viel mit der Familie Flam zu tun. Israel Flam, der 73 Jahre alte Vater Golans, gilt als Weinpionier des Landes. Er hat Weinbau an der Universität von Kalifornien studiert, dann arbeitete er 35 Jahre lang bei der Carmel Winery, dem größten Weinproduzenten Israels. Er ist leidenschaftlicher Winzer, aber er hat auch gelitten. „Bis vor 15 oder 20 Jahren gab es hier keinen Markt für Wein", erinnert er sich. „Wenn mal was getrunken wurde, dann war es Wodka."

Die Leidenschaft hat er an seine drei Kinder vererbt, und als Israel Flam vor ein paar Jahren in Rente ging, da konnte er nicht nur stolz darauf sein, dass es plötzlich einen regelrechten Hype um israelische Weine gab, die mittlerweile von $\longrightarrow$

internationalen Kritikern wie Robert Parker bestens bewertet werden. Er konnte als Berater auch nahtlos einsteigen ins bereits florierende Familienunternehmen: Seine Frau Kami kümmert sich um die Finanzen, Sohn Gilad ist zuständig für Verkauf und Geschäftsentwicklung, Tochter Gefen für das Marketing – und Golan, der Önologie in Piacenza studiert hat, für den Anbau. Golan Flam war in seinen Lehr- und Wanderjahren in Australien unterwegs sowie in der Toskana. „Italien, das war für mich wie im Film", sagt er.

Bevor Golan Flam das Weingut der Familie im Judäischen Bergland ansiedelte, war er auf der Suche nach dem richtigen Standort auch im fruchtbaren Norden des Landes, in Galiläa, unterwegs gewesen, wo viele der inzwischen mehr als 250 israelischen „Boutique"-Weingüter beheimatet sind. Selbst im Negev, tief im Süden, hat er sich umgeschaut, wo manche Mutige ihre Weine der Wüste abtrotzen. Doch nirgends ist Israel näher an der Toskana als in den Hügeln rund um die Stadt Bet Schemesch. Von der Terrasse der Flam Winery aus geht der Blick über grüne Hügel, schlanke Zypressen recken sich in den Himmel, und Pinien breiten ihre Äste aus.

Zur Weinprobe kommen 2000 bis 3000 Besucher pro Jahr. „Wir haben Familien hier oder auch Hightechfirmen, die ihren Leuten etwas Gutes tun wollen", erklärt Golan Flam. Einer bunt gemischten Gruppe aus Engländern, Dänen und Chinesen erklärt eine Mitarbeiterin gerade die Vorzüge des felsigen Untergrunds. Auf dem Tisch stehen Brot, Käse und Kristallgläser bereit, in denen die insgesamt sechs Flamsorten verkostet werden. Golan Flam begrüßt die Besucher kurz, dann eilt er weiter in die Produktionshallen.

Ein guter Winzer macht auch einen guten koscheren Wein

Dort wird gerade der Classico in Flaschen gefüllt, die in langen Reihen vom Band laufen. Eine Handvoll Arbeiter ist damit beschäftigt, leere Flaschen in die Abfüllmaschine zu laden, Korken aufzufüllen, die vollen Flaschen zu stapeln und wegzuschaffen. Jeder der Arbeiter trägt eine schwarze Kippa auf dem Kopf, jeder ist Anhänger des orthodoxen Judentums – andere dürften hier auch gar nicht ans Werk gehen. Denn der Flamwein ist ein koscherer Wein, und das von einem Rabbiner ausgestellte Koscher-Zertifikat, das mit einem goldenen „K" in der Empfangshalle des Weinguts hängt, knüpft die Herstellung an strenge Regeln. So streng, dass Golan Flam bei der Produktion des eigenen Weins nur zuschauen darf. „Ich bin die ganze Zeit präsent",

Frucht einflößend: Die Weinberge der Familie Flam bilden gewissermaßen den Garten zu den Wohnhäusern. Ganz links: In der Flam Winery finden auch regelmäßig Weinproben statt

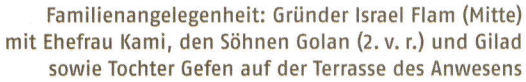

Familienangelegenheit: Gründer Israel Flam (Mitte) mit Ehefrau Kami, den Söhnen Golan (2. v. r.) und Gilad sowie Tochter Gefen auf der Terrasse des Anwesens

sagt er, „aber ich darf nichts anfassen." Wenn aus den Trauben Saft gewonnen wird, verlangen die Vorschriften, dass nur noch strenggläubige Juden daran arbeiten.

Vor sieben Jahren hat Golan Flam auf koschere Produkte umgestellt. „Auch die Orthodoxen sollen unseren Wein genießen können", sagt er. Das klingt großzügig, ist aber vor allem geschäftstüchtig. Im Blick hatte die Familie dabei nicht nur den israelischen Markt, sondern auch die jüdischen Gemeinden weltweit. „Selbst die Nichtorthodoxen ziehen es vor, für ihr Sabbat-Dinner koschere Weine aus Israel zu kaufen", erklärt er. „Das hat uns viele Märkte geöffnet." Mittlerweile geht ein Viertel der Jahresproduktion von insgesamt 150 000 Flaschen ins Ausland.

Leicht ist Golan Flam die Umstellung am Anfang nicht gefallen. „Ich habe alles selbst aufgebaut und 1998 mit zwei Fässern begonnen", erklärt er. Und nun, wo das Geschäft floriert, darf er noch nicht einmal den Wein aus den Fässern zapfen, wenn er ihn probieren will. Er darf die Edelstahltanks nicht berühren und auch nicht die im Keller liegenden Eichenholzfässer aus Frankreich, in denen der Rotwein heranreift. „Für all das brauche ich nun meine verlängerten Arme", sagt er und zeigt auf die Arbeiter.

Mit der Zeit hat er sich aber daran gewöhnt. „Ich habe verstanden, dass sich nur in meinem Kopf etwas ändern muss", meint er, „koscher ist nicht die Frage, sondern die Qualität." Der koschere Wein, das versichert er, schmecke kein bisschen anders als der „trefe", also herkömmlich produzierte. „Die Trauben und die Prozesse sind die gleichen. Ein guter Winzer macht auch guten koscheren Wein." Von Massenproduktion hält er wenig. „Meine Vorstellung ist es, dass ich immer mit dem Boden und dem Keller verbunden bleibe." Doch Wachstum gehört eben auch dazu, denn das verlangt der Markt. „Wir kommen nicht mehr hinterher", sagt er, „die Nachfrage ist größer als die Menge, die wir liefern können."

Wenn Golan Flam also durch sein Judäisches Bergland fährt, dann ist er immer auf der Suche nach neuen Anbaugebieten. „Wir wollen mehr pflanzen, und wir brauchen mehr Fläche, aber leicht ist die nicht zu kriegen", klagt er. Das Land wird meistens von den Gemeinden verwaltet – und die, so erklärt er, zögerten, Grundstücke für den Weinanbau zu verpachten. Selbst bei Agrarland, das schon lang brach liege, sei man zögerlich, schließlich könne daraus auch mal lukratives Bauland werden.

Um manche Grundstücke kämpft er Jahre. „Das ist eine Herausforderung", meint er. Das Grundstück auf dem Hügel gegenüber dem Hadassah-Hospital hat er vor vier Jahren bekommen. 1,5 Hektar für 25 Jahre. Merlot-Trauben wachsen hier und Cabernet Sauvignon. Alle paar Tage kommt er zur Kontrolle. Auf die erste Ernte ist Golan Flam stolz. Dann schaut er auf das Feld nebenan, auf dem nur braunes Gras wächst. „Das ist traurig", sagt er, „wir könnten all das grün machen." —

—→ *Info Wein ab Seite 124*

Beste Jahrgänge. *Der Weinbau in Israel ist mehr als 3000 Jahre alt. In jüngster Zeit erlebt die Weinkultur eine Renaissance*

01

AUS DER REPORTAGE

Flam Winery

Auf Wein-Workshops vermittelt Familie Flam nach Voranmeldung Interessantes zur Geschichte des Weinbaus in der Region. Und natürlich werden dabei die hier produzierten Weine vom Flam Blanc bis zum edlen Flam Noble probiert. *Yaar Hakdoshim (westl. von Jerusalem) Eshtaol Junction Tel. +972 (0) 2 / 992 99 23 (E 4) * www.flamwinery.com*

WEITERE GÜTER IM JUDÄISCHEN BERGLAND

Mit drei anderen örtlichen Winzern hat sich die Flam Winery zum „Judean Hills Quartet" zusammengeschlossen. Sie wollen dieses noch junge Anbaugebiet für Qualitätsweine zum Pilgerziel für Weinfreunde machen.

Domaine du Castel

Das nach einer Kreuzfahrerburg in der Nähe benannte Gut gilt als eines der besten in Israel. Dabei ist der weltgewandte Gründer Eli Ben Zaken ein reiner Autodidakt. Als er Ende der Achtzigerjahre für sein Restaurant vergeblich nach guten Weinen gesucht hatte, begann er selbst neben seinem Wohnhaus mit dem Anbau. So erfolgreich, dass er das Lokal aufgegeben hat und im Familienbetrieb

Rotwein im Bordeaux-Stil sowie Weißwein im Burgund-Stil anbaut und in alle Welt exportiert. Besucher werden nach Voranmeldung gern empfangen, am liebsten donnerstags und freitags. *9089500 Moschaw Yad Hashmona Tel. +972 (0) 2 / 535 85 55 (E 4) www.castel.co.il*

Tzora Vineyards

Alles dreht sich hier um das Terroir, um den prägenden Einfluss des Bodens. Folglich verwandte der 2008 verstorbene Gründer Ronnie James viel Zeit darauf, die idealen Anbaugebiete zu finden. 1993 ging es los, heute werden auf drei verschiedenen Flächen Rot- und Weißweine der Marken Judean Hills und Shoresh (übersetzt „Wurzel") angebaut, dazu das Aushängeschild namens Misty Hills. Verkosten lassen sich die Spitzenweine nach Voranmeldung täglich außer samstags. *99803 Kibbuz Tzora (bei Bet Schemesch) Tel. +972 (0) 2 / 990 82 61 (E 4) www.tzoravineyards.com*

Sphera

Chardonnay, Riesling, Sauvignon Blanc – hier konzentriert man sich ganz auf den Weißwein. Da gebe es „nichts zu verbergen, alles ist klar, alles transparent", meint der in Burgund ausgebildete Winzer Doron Rav Hon. Belohnt wird er in Israel regelmäßig mit Auszeichnungen und auch international mit besten

02

Kritiken bedacht. Über Besucher freut man sich hier an sieben Tagen die Woche, vorzugsweise freitags oder samstags, Reservierung erwünscht.

*Die Koordinaten beziehen sich auf die Übersichtskarte Seite 142

01 Edel: Die Weine der Domaine du Castel gelten als Israels beste

02 Rhythmisch: In der Adir Winery gibt es Weinproben mit Livemusik

03 Saftig: Reife Trauben an den Stöcken von Kfar Tabor

03

99825 Givat Yeshayahu (bei Bet Schemesch) Tel. +972 (0) 2 / 993 85 77 (E 4) www.spherawinery.com

IM KARMELGEBIRGE

Carmel Winery

Der größte Weinproduzent Israels hat eine lange Geschichte vorzuweisen. Die Gründung geht zurück auf eine Stiftung des Barons Edmond de Rothschild aus dem späten 19. Jh., der die jüdischen Einwanderer im Gelobten Land beim Weinbau unterstützen wollte. Der Adel verpflichtet bis heute: Neben koscheren Massenweinen für den israelischen Markt werden auch ein paar edlere Tropfen produziert. Die meisten Anbaugebiete liegen im Oberen Galiläa, verkostet werden können die Weine am angestammten Platz in Zichron Yaakov. Nach Voranmeldung gibt es dort auch Führungen. *Zichron Yaakov (südl. v. Atlit) Ha-Yayin Street 20 Tel. +972 (0) 4 / 629 09 77 (C 3) www.carmelwines.co.il/en*

Smadar Inn

Die Gäste des Smadar Inn, ganz in der Nähe der Carmel Winery, können direkt in ihrer Herberge die edlen Tropfen genießen. Vier luxuriöse Boutique-Suiten sind hochwertig mit einem Touch Romantik eingerichtet. Sie liegen im 130 Jahre alten Weingarten der Familie Shapira und gleichzeitig mitten im Zentrum. In der kopfsteingepflasterten Fußgängerzone des Pionierstädtchens reiht sich ein Restaurant ans andere, dazwischen Boutiquen und natürlich jede Menge Weinlokale und Bars. *Zichron Yaakov (südl. v. Atlit) Hameyasdim St. 31 Tel. +972 (0) 50 / 655 11 55 DZ ab 900 NIS, inkl. Frühstück (C 3) www.smadar-inn.com*

IN GALILÄA

Tabor Winery

Die Reben stehen am Fuße des Mount Tabor, der mit seinen 588 m Höhe sehr markant aus der Ebene aufragt. Der fruchtbare Boden und das Klima gelten als ideal für den Weinanbau. Kein Wunder also, dass die Tabor-Weine hoch gelobt und dekoriert werden. Jedes Jahr im Juli oder August gibt es einen „Familien-Ernte-Tag", an dem jeder seine eigenen Trauben pflücken und stampfen darf. Ansonsten steht das Gut zur Weinprobe täglich außer Samstag offen. *15241 Kfar Tabor (östl. v. Nazareth) Tel. +972 (0) 4 / 676 01 61 (B / C 4) www.twc.co.il/en*

Adir Winery

Im Besucherzentrum setzt man auf Paketangebote für Touristen: Wer es gern herkömmlich mag, der kann in der Stube oder im Gastgarten sitzen und den Wein zusammen mit selbst produziertem Käse genießen, gern auch untermalt von Livemusik. Platz ist im Winter für bis zu 100 Besucher, im Sommer für bis zu 450. Abenteurer können darüber hinaus eine Jeeptour buchen, die über holprige Hügel und durch die Weinfelder führt, oder (bevor die Weinprobe beginnt) an einer kulinarischen Schnitzeljagd teilnehmen. *Dalton Industrial Zone (nördlich von Safed) Tel. +972 (0) 4 / 699 10 39 (B 4) www.adir-winery.com*

AUF DEN GOLANHÖHEN

Château Golan

Nicht nur der Name macht klar, wo die Vorbilder liegen, auch die Architektur lehnt sich an französische Weingüter an: Die extravagante Produktionsstätte auf den südlichen Golanhöhen umgibt sich mit einem wunderschönen Garten. Die Ruhe ist perfekt, wenn nicht gerade ein russischer Oligarch mit dem Hubschrauber einfliegt. Allzu oft kommt das allerdings doch nicht vor, aber die gern verbreitete Episode zeigt, dass dieses 1999 gegründete Weingut Wert auf eine gewisse Exklusivität legt. Die Produktion liegt bei nur 75 000 Flaschen im Jahr, ausgeschenkt wird der Wein in den besten Restaurants des Landes. Bei Voranmeldung kann man an kostenlosen, geführten Touren teilnehmen. *12927 Moschaw Eliad Tel. +972 (0) 4 / 660 00 26 (B 5) www.chateaugolan.com/en*

IM NEGEV

Carmey Avdat Farm

Wer den weiten Weg zum Wein in die Wüste wagt, der kann hier auch wildromantisch übernachten. Auf dem Farmgelände verteilt stehen sechs urige Bungalows, Grillplatz mit Aussicht inklusive. Die Eigentümer Hanna und Eyal Yizrael sehen sich zum einen in der Tradition David Ben Gurions, dessen Vision es war, die Negev-Wüste zum Blühen zu bringen. Zum anderen knüpfen sie an eine mehr als 2000 Jahre alte Tradition des Weinanbaus auf diesem sandigen Grund an. Die Tropfen sind trocken, und in speziellen Workshops können Gäste sie selbst in Flaschen füllen – mit persönlichem Label. *8499000 Midreshet Ben Gurion, P.O. Box 160 (südl. von Beer Scheva) Tel. +972 (0) 8 / 653 51 77 (F 4) www.carmeyavdat.com* ——

Heiße Party

Alljährlich entsteht in der Negev-Wüste eine verrückte
Siedlung. Das Midburn-Festival gibt Künstlern
und Performern die Möglichkeit, sich fünf Tage lang
auszuleben. Zuletzt wurden mit 10 500 Besuchern,
178 Camps und 87 Kunstwerken neue Rekorde erzielt.
Und am Ende lodert über allem ein gewaltiges Feuer

FOTOS & TEXT: Raphaël Pincas

Das *Fliegende Kamel,*

inspiriert von den Art Cars des amerikanischen Burning Man, erschien erstmals 2016 in der israelischen Wüste. Idan Shalit, kreativer Kopf hinter dem Gefährt, meint dazu: „*Ich wollte für unsere Gemeinschaft etwas richtig Großes schaffen, mit einem DJ obendrauf, der Party macht. Dieses Projekt hat mein Leben total verändert. Jetzt glaube ich, dass ich alles bauen kann. Wenn es einen Traum zu verwirklichen gibt – ich bin bereit!*"

Talia ist 27 und aus Tel Aviv angereist.
Auf dem Festival lebt sie ihre Kreativität und Freiheit aus,
das ganz große Abenteuer sucht sie auf einer geplanten Weltreise.
Wenn sie auf dem Dach des Piratenschiffs tanzt, erregt ihr Outfit
viel Aufsehen, besonders die *Fuchsmaske* auf ihrem Kopf.
„Deswegen sagen alle ‚Foxy‘ zu mir.
Für mich ist Midburn nicht nur ein Event einmal pro Jahr,
sondern eine Familie, die das ganze Jahr blüht und gedeiht.“

Im Tempel von Midburn leitet der japanische Künstler

Ken Hamazaki

eine *Rote-Tee-Zeremonie.*

Der Gründer des Red Museum in Osaka reist um die Welt,

um seine Visionen zu teilen. „Die Zeremonie

ist eine großartige Möglichkeit,

unabhängig von Sprachen und Hierarchien

zu kommunizieren. Es macht mich glücklich,

wenn die Welt so ein bisschen heller,

besser, lebenswerter wird."

Eisenreich: Dieses Besucherpaar inspiziert eine Skulptur aus Metall. Ihr Schöpfer hat sich von Figuren aus der Animations-Sciencefiction-Serie „Futurama" inspirieren lassen

Einklang: Yasmin lebt auf einer Ökofarm im Norden Israels und schätzt an Midburn, dass sie hier ihren inneren Frieden findet

Lauftreff: Seit 2014 besucht Or das Festival. Sie hat sich den Burner-Runway ausgedacht, einen interaktiven Laufsteg, auf dem jeder sein Outfit zeigen kann

Überall: Elad fährt mit seinem Quad durch das Camp und nimmt jeden, der möchte, zu einer Spazierfahrt mit – Resonanz und Akzeptanz sind groß

Sauer macht lustig:
Im Lemon Tree Camp
amüsieren sich Theresa
and Saskia (unten).
Gleichgesinnte treffen
sich in einer Vielzahl
thematischer Camps (r.)

Foto: Dan Lior

Kreisstadt: 10 500 Menschen
bevölkerten 2017 die
rund angelegte
Wüstensiedlung auf Zeit

Großes Hallo: Selbst die Ankunft wird beim Midburn-Festival gefeiert (o.)
Oben Mitte: Ein mobiler Malworkshop entlockt den Gästen Kreativität

Ohren auf: Die Soundanlage des Festivals (l.). Darunter: Ein Stand zum alten Ägypten und ein Feuerkünstler mit seiner brennenden „Sonnenblume"

Dafna und Omer posen am *Pillow Fight Club,* einem Boxring in Rosa, vollgepackt mit Kissen (unten)

Das Paar aus Tel Aviv ist zum ersten Mal hier.

„Wir haben tolle Erfahrungen gemacht,
eine Auszeit von der Realität genommen
und das Kind in uns wiederentdeckt."

Feuer frei: Bevor sie am letzten Abend den Flammen zum Opfer fallen, ragen die Skulpturen „Man & Eve" hölzern über der Wüste auf (oben) Links: Die „Magic Jellyfishes" bestehen aus 60 künstlichen Quallen und einem Solarpaneel, das tagsüber seine Akkus auflädt, damit sie nachts leuchten

Am Ende des Festivals geht die wichtigste
Installation in Flammen auf.
Meirav Cohen, ein Architekt aus Tel Aviv,
konstruierte die 14 Meter hohe Holzskulptur
Man & Eve.
Sie stellt ein Paar kurz vor einem Luftsprung dar.
Dass die beiden Figuren zusammen nur ein Paar Flügel haben,
symbolisiert ihre Verbindung. Um das sichere Abfackeln
kümmern sich sogenannte Burner. Einer erklärt dazu:
„Eine unserer Maximen ist,
keine Spuren zu hinterlassen – nach Midburn
ist dieser Teil der Wüste sauberer als zuvor."

⟶ *Weitere Infos zum Midburn-Festival siehe Eventkalender Seite 139*

Wie die Regeln
des beliebten Gesellschafts-
spiels „Reise nach Jerusalem" mit im
Deutschen gebräuchlichen
jiddischen Begriffen lauten müssten?
Die **Schote** ginge etwa so:

Jetzt aber mal Tacheles!

Die Stühle, oft wertloser **Tinnef,** *werden in einer Doppelreihe
oder im Kreis so aufgestellt, dass alle Spieler drum herumgehen
können. Dabei ist es wichtig, dass in jeder Runde ein Stuhl weniger
dasteht, als Spieler mit***zocken.** *Die genaue Anordnung der Stühle sollte
man also vor Spielbeginn genau* **ausbaldowern,** *denn mitunter hat ein*
Schmock *die* **Chuzpe** *und rückt sich da etwas zurecht, damit er die
anderen* **verkohlen** *kann. Den* **Stuss** *sollte man dem* **Nebbich**
*aber gründlich ver***masseln,** *denn:* **Mauscheln** *ist bei diesem Spiel echt*
schofel, *auch wenn's nicht um* **Moos** *geht.
Sobald also die Musik eingeschaltet wird, bewegt sich die ganze* **Mischpoke**
mit großem **Bohei** *möglichst schnell im Kreis rund um die Stühle. Die falsche
Wahl der Lieder ist* **Stuss,** *wenn beispielsweise bei „Atemlos" alle ganz*
meschugge *werden. Stehenbleiben oder* **Mauern** *ist nicht ganz* **koscher,**
Schmiere*stehen auch nicht – und das Berühren der Stühle, solang die
Musik läuft, echt* **mies.** *Wird die Musik wieder ausgeschaltet, muss sich
jeder auf einen (freien) Stuhl setzen. Und schon haben wir den*
Schlamassel, *denn: Da es einen Stuhl zu wenig gibt, scheidet ein
Spieler aus. Das ist in der Regel der, der zu wenig* **kess** *war oder
schlichtweg keinen* **Massel** *hatte. Je mehr Runden gelaufen werden
müssen, desto mehr artet das Spiel in* **Maloche** *aus, und man
fühlt sich leicht* **beschickert.** *Dann fängt meist irgendeine*
Ische *an zu* **mosern** *oder* **seiert** *rum. Pro neuer Runde
wird ein Stuhl entfernt – das ist nicht so* **töfte,** *aber
am Ende kann eben nur einer den großen*
Reibach *machen. Gewonnen hat der*
Haberer, *der am Schluss übrig bleibt.
Am besten ohne* **Schmu –** *denn
sonst gibt's* **Zoff.**

Text: Michael Gösele

Fakten & Karte.

Wichtige Tipps für Ihre Reiseplanung, Adressen und Wetterinfos

HINKOMMEN

Mit dem Flugzeug.
Tägliche Nonstop-Flüge von Berlin, Frankfurt und München sowie aus Wien, Zürich und Genf nach Tel Aviv-Ben Gurion, rund 20 km östlich der Stadt. Achtung bei Flü-

gen mit der staatlichen israelischen Airline El Al: Wegen besonders intensiver Sicherheitschecks mindestens zweieinviertel Stunden vor Abflug einchecken. Vom Flughafen zum Bahnhof Tel Aviv Ha Hagana von 5.47 bis 23.47 Uhr (außer am Sabbat von Fr.-Nachmittag bis Sa.-Abend!) ist der Zug die schnellste und günstigste Variante. Tickets (13,50 NIS einfach) an Automaten, bar oder mit Kreditkarte. Keine Tickets im Zug! Taxi nach Tel Aviv: Fixpreis 148 NIS. Ryanair fliegt im Februar

DER MOBILITÄTSTIPP

Ideal für Israel-Erkundungen
Im Netz mit der Suche ADAC und Israel wichtige Infos unter *www.ADAC.de.* ADAC Reiseführer Israel und Palästina (9,99 €) und ADAC Reiseführer plus (mit großer Faltkarte 12,99€) im Buchhandel und online.

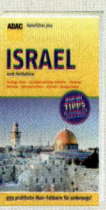

und März 2018 von Berlin-Schönefeld, Karlsruhe, Bremen, Hahn und Düsseldorf-Weeze auch nach Ovda, nördlich von Eilat.

Mit dem Auto.
Die Reise auf dem Landweg nach Israel ist derzeit praktisch unmöglich. Nicht nur, dass es von Deutschland aus eine Strecke von rund 4000 km wäre – der letzte Teil der Tour würde überdies durch Syrien verlaufen, ein Land, das noch immer fest im Griff eines unüberschaubaren Bürgerkriegs ist.

SO IST DAS KLIMA IN ISRAEL

Mikrokosmos. So klein das Land, so unterschiedlich die Temperaturen in Israel. Im Norden und an den Küsten herrscht mediterranes Klima mit heißen Sommern und milden, aber feuchten Wintern. Im Negev, dem südlichen Jordantal und am Toten Meer findet man Wüstenklima. In Jerusalem, auf mehr als 800 Metern über dem Meer, gibt es kühle, regnerische Wintermonate und manchmal sogar Schnee.

XX° Tagestemperaturen
XX° Nachttemperaturen
Tel Aviv
Messstation 4 m über NN

	Jan.	Febr.	März	April	Mai	Juni	Juli	Aug.	Sept.	Okt.	Nov.	Dez.
Tagestemp.	18°	18°	19°	19°	23°	28°	28°	30°	30°	28°	23°	19°
					17°	21°	23°	24°	23°	19°	15°	
Nachttemp.	10°	10°	12°	14°								11°
Sonnenstunden/Tag	6	7	8	9	10	12	12	11	10	9	7	6
Regentage/Monat	13	10	9	3	1	0	0	0	0	3	8	11
Wassertemperatur	17°	17°	17°	18°	21°	24°	27°	27°	28°	25°	22°	19°

Jerusalem
Messstation 815 m über NN

	Jan.	Febr.	März	April	Mai	Juni	Juli	Aug.	Sept.	Okt.	Nov.	Dez.
Tagestemp.	12°	13°	15°	22°	25°	28°	29°	29°	28°	25°	19°	14°
				13°	16°	18°	19°	20°	19°	17°		
Nachttemp.	6°	6°	8°								12°	8°
Sonnenstunden/Tag	6	9	7	9	11	13	13	12	10	9	8	6
Regentage/Monat	13	12	10	4	1	0	0	0	0	4	7	11

EINREISE

Bundesbürger, die nach dem 1.1.1928 geboren sind, benötigen kein Visum. Ein Reisepass, der mindestens noch sechs Monate gültig ist, genügt für einen Aufenthalt von bis zu drei Monaten. Bei der Ankunft bekommt man eine Einreisekarte („Border Control Clearance"), die bis zur Ausreise im Pass bleiben sollte. Wer öffentlich und wissentlich zum Boykott Israels und der Siedlungen aufgerufen hat, kann von der Einreise ausgeschlossen werden. Die Fahrt in die palästinensischen Gebiete im Westjordanland ist grundsätzlich möglich. Die Kontrollpunkte, auch auf dem Tempelberg in Ost-Jerusalem, können aufgrund aktueller Entwicklungen jederzeit geschlossen werden.
auswaertiges-amt.de

RUMKOMMEN

Sicherheit. Grundsätzlich gilt Israel für Touristen als sicheres Reiseland. Für den Gazastreifen besteht eine Reisewarnung des Auswärtigen Amtes. Von Aufenthalten im unmittelbaren Grenzgebiet zu Libanon oder Syrien wird abgeraten. Menschenansammlungen und Demonstrationen sollte man meiden.

Verkehr. Israelis sind in der Regel geduldige und freundliche Menschen, und das gilt mehr oder weniger auch für den Straßenverkehr. Im Vergleich zu anderen Ländern der Region ist Autofahren stressfrei. Das Straßennetz ist gut ausgebaut, die Beschriftung der →

FESTE & EVENTS

Das ganze Jahr über finden Sport- und Kulturevents statt. Die Vielseitigkeit von Landschaft und Klima, von Stadt und Land machen Israel zur idealen Bühne

JANUAR

Israman. Die israelische Version des „Iron Man Triathlon": 3,8 km Schwimmen im Roten Meer, 180 km Radfahren, schließlich ein Marathon durch die Wüste bei Eilat – im milden Winter machbar. *www.israman.co.il*

FEBRUAR

22.–24.2. Red Sea Jazz. Das Winter-Jazz-Festival in Eilat mit internationalen Branchengrößen und Meisterklassen in einer einzigartigen Umgebung am Roten Meer. — *https://en.redseajazz.co.il*

MÄRZ

15.–22.3. Vogelbeobachter-Festival. Zahlreiche Zugvögel machen in und um Eilat Station auf ihrem Zug nach Norden. Touren und Seminare für Laien und Fachleute. *www.birds.org.il/en*

20.3. Sounds of the Old City. Musikfestival in Jerusalem. In der Altstadt werden die Klänge der vielen Kulturen lebendig. *info.goisrael.com/en/sounds-of-the-old-city-2018*

28.3.–1.4. Fresh Paint. Zeitgenössische Kunst- und Designmesse in Tel Aviv – die renommierteste ihrer Art. — *www.freshpaint.co.il/en*

APRIL

26.–27.4. Mountain to Valley Race. Staffellauf über eine Gesamtdistanz von 215 km in Obergaliläa. Die Mannschaften brauchen um die 20 Stunden für den Lauf durch malerische Landschaften. *www.mountain2valley.org*

MAI

14.–19.5. Midburn. Sechs Tage Party und Performance, Kunst und Musik bei Sede Boker in der Negev-Wüste (siehe Seite 126). *www.midburn.org/en*

18.–20.5. Open Houses Tel Aviv. Das ganze Wochenende werden Führungen und Ausstellungen zu markanten Zeugnissen von Architektur, Design und Landschaftsgestaltung in Tel Aviv veranstaltet. *www.batim-il.org*

24.5.–9.6. Israel Festival. Tanz, Musik, Drama und Theater. Jährliches Festival in Jerusalem. *www.israel-festival.org/en*

JUNI

8.6. Gay-Pride-Parade. Tel Aviv ist die Schwulen-Metropole des Landes, ja des ganzen Nahen Ostens. Die Gay-Pride-Parade zelebriert den Stolz dieser weltoffenen Stadt. — *www.gaytelavivguide.com/*

27.6.–5.7. Licht-Festival Jerusalem. Zum 10. Mal jährt sich das Event, bei dem ortsansässige und internationale Künstler die Sommernächte mit Lichtkunst erleuchten. — *www.lightinjerusalem.org.il/*

JULI

26.7.–5.8. Internationales Filmfestival Jerusalem. Treffpunkt der Cineasten und Leistungsschau der immer wieder überraschend starken israelischen Filmindustrie. — *www.jff.org.il/en*

AUGUST

1.–31.8. Bierfest Jerusalem. Einen ganzen Monat präsentieren Craft-Beer-Produzenten 120 Sorten zur Verkostung. *www.itraveljerusalem.com/evt/jerusalem-beer-festival/*

1.–31.8. Klezmer-Festival Jerusalem. Traditionelles Treffen zur Feier der jüdischen Musik in der ganzen Stadt. — *www.itraveljerusalem.com/evt/international-klezmer-festival/*

SEPTEMBER

5.–8.9. Kammermusik-Festival Jerusalem. Zahlreiche internationale Künstler zelebrieren klassische Musik. — *www.jcmf.org.il*

OKTOBER

Open House Jerusalem. Geführte Touren und Besichtigungen in einige der architektonisch markantesten Gebäuden der Stadt. *www.itraveljerusalem.com/evt/open-house-jerusalem/*

NOVEMBER

Tel-Aviv-Nachtlauf. Stadtlauf mit diversen Strecken und Programm für die ganze Familie. Termin steht noch nicht fest. — *https://www.tlvnightrun.co.il/*

DEZEMBER

1.–31.12. Hullegeb Jerusalem. Festival mit Tanz, Theater und darstellenden Künsten von äthiopischen Israelis. — *www.itraveljerusalem.com/evt/hullegeb-israel-ethiopian-arts-festival/*

Orts- und Hinweisschilder ist fast immer auch auf Englisch. Wichtige Autobahnen wie die Nr 1. Jerusalem–Tel Aviv und die Nr 6. zwischen Haifa im Norden und Beer Scheva im Süden sind mautpflichtig. Auch auf der Autobahn zum Flughafen Ben Gurion gibt es eine kostenpflichtige „Fast Lane". Achtung: Die Maut wird elektronisch über Nummernschild und Kreditkarte erhoben – dies kann für Mietwagen teuer werden.

Mit dem Mietwagen.
Um einen Leihwagen zu mieten, braucht man einen internationalen oder einen EU-Führerschein, den Reisepass sowie eine internationale Kreditkarte. Das Mieten von Deutschland aus ist grundsätzlich günstiger. Der Abschluss einer Kaskoversicherung ohne Selbstbeteiligung ist empfehlenswert. Erkundigen Sie sich, wie die Fahrt auf mautpflichtigen Straßen und in Tunneln abgerechnet wird und welche Beschränkungen es für die Fahrt ins Westjordanland gibt. Ein Navi kann man dazumieten, die Eingabe der Ziele in der englischen Schreibweise kann schwierig werden – lieber das eigene Smartphone oder Tablet mitnehmen.
www.adac.de/produkte/autovermietung/

„Ohne mobiles Internet und Smartphone ist in Israel niemand mehr unterwegs. Freie WLAN-Netze gibt es sogar in öffentlichen Verkehrsmitteln. Aber Achtung: Ohne WLAN droht Touristen außerhalb der EU – also auch in Israel – mit normalem Datentarif die Roaming-Kostenfalle! Die Aktualisierung von Apps, die Nutzung von Navi oder Mobilbox können erhebliche Mehrkosten verursachen. Erkundigen Sie sich vorab bei Ihrem Mobilfunkanbieter, und schließen Sie vor der Reise eine entsprechende Datenoption ab. Oder nutzen Sie eine Prepaid-Karte, die Sie sich am besten schon zu Hause besorgen."
*Expertentipp von **Christian Berndt**, ADAC Touristik*

Mit dem Bus.
Rund eine Million Menschen nutzen täglich die Busse von Egged. 1930 als Kooperative gegründet, ist Egged (auf Deutsch: „Bund") älter als der Staat Israel. Der größte Busanbieter im Land konkurriert mit Gesellschaften wie Metropoline oder Nateev Express. Die Busse sind modern, klimatisiert und bieten WLAN und USB-Anschlüsse über jedem Sitz. Das Busnetz ist dicht, selbst kleine Ortschaften, Kibbuze und abgelegene Sehenswürdigkeiten werden mehrmals täglich angefahren. Ausnahme: Von Freitagnachmittag bis Samstagabend gilt die Sabbatruhe! Der öffentliche Nahverkehr (außer in Haifa) kommt zum Erliegen. Tickets grundsätzlich beim Fahrer bar bezahlen. Nur die Strecken nach Eilat kann man vorher buchen.
www.bus.co.il

Mit dem Sherut.
In vielen Städten fahren Kleinbusse als Sammeltaxis entlang fester Routen. Diese Sherut halten auf Handzeichen (einfache Fahrt

---

BITTE JA!

Schalom! In der Regel sind Israelis offen und hilfsbereit. Ein freundliches „Schalom!" zur Begrüßung, schon ist man mitten im Small Talk. Und: „Germany? – Very good!" Den Satz hört man oft.

Wasser! Israel ist über weite Strecken ein Land in der Wüste. Deshalb: Auch bei kurzen Touren die Wasserflasche nicht vergessen!

Probieren! In jeder Stadt gibt es Falafelstände. Unbedingt das nationale Fast Food probieren – am besten da, wo viele anstehen.

Handeln! Es macht Spaß und ist üblich: Feilschen Sie auf dem Markt. Wir sind schließlich auf dem Basar.

BITTE NICHT!

Schwadronieren. Keine Frage, Israel liegt inmitten einer Krisenregion. Seien Sie dennoch zurückhaltend mit ungefragten Ratschlägen zum Nahostkonflikt. Auch das Thema Terror ist vielen Einheimischen unangenehm. Viele kennen Betroffene.

Einfach knipsen. Menschen zu fotografieren ist normalerweise nach einer freundlichen Frage kein Problem in Israel. Ausnahmen: Orthodoxe, vor allem am Sabbat. Dann auch bitte keine Fotos an der Klagemauer.

Eine rauchen. Respekt gegenüber den Landessitten und hohen Feiertagen sind selbstverständlich. Dazu gehört auch, an Feiertagen und am Sabbat nicht öffentlich zu rauchen.

WICHTIGE ADRESSEN UND TELEFONNUMMERN

AUSKUNFT
Staatliches Israelisches Verkehrsbüro
Auguste-Viktoria-Str. 74–76
14193 Berlin
Tel. 030 / 20 39 97 10
E-Mail: info-de@goisrael.gov.il

ADAC SERVICE
ADAC Info-Service
Tel. 0 800 5 10 11 12
(erreichbar Mo.–Sa. 8–20 Uhr)
ADAC Notrufzentrale aus dem Ausland:
Tel. +49 (0)89 / 22 22 22
ADAC Reisemedizin-Info:
Tel. +49 (0)89 / 76 76 77
Ambulanzdienst München:
Tel. +49 (0)89 / 76 76 76

NOTRUF
Landesweiter Notruf
Polizei: Tel. 100
Feuerwehr: Tel. 102
Ambulanz: Tel. 101
Pannendienst, Partnerclub des ADAC: MEMSI +972 (0)3 / 564 11 11 (24 Std.)

VERKEHR
Höchstgeschwindigkeit innerorts 50 km/h, auf Schnellstraßen 90 km/h, auf Autobahnen 100 km/h, Abblendlicht 1.11.–31.3. auch tagsüber. Promillegrenze 0,5.

VORWAHLEN
Deutschland +49
Österreich +43
Schweiz +41

WÄHRUNG
Der Kurs des Neuen Israelischen Schekel (NIS) schwankt. Kreditkarten sind gebräuchlich, außer auf Märkten oder im Bus. Geldautomaten in Filialen der Bank Hapoalim geben Bargeld, begrenzt auf 400 NIS, über die EC-Karte aus.
1 € = 4,16 NIS
0,24 € = 1 NIS

ZEIT
MEZ +1. Wie in Deutschland Wechsel von Sommer- auf Winterzeit.

5–5,90 NIS) und nehmen bis zu 10 Fahrgäste auf.

Mit dem Zug. Von Beer Scheva im Süden bis Haifa und Karmiel im Norden verkehren Züge mit modernen Doppelstockwagen. Die Fahrt von Beer Scheva nach Haifa dauert zweieinhalb Stunden und kostet einfach 53 NIS. In Stoßzeiten fahren die Züge im Halbstundentakt. Vor allem Samstag- und Donnerstagabend sind sie sehr voll – Soldatinnen und Soldaten sind unterwegs nach Hause oder zu ihren Einheiten. Tickets an Automaten, bar oder per Kreditkarte – nicht im Zug! *www.rail.co.il/en*

Trinkgeld. Wer mit dem Service in Restaurants zufrieden war, gibt 10 bis 15 Prozent. 1 €/Tag für das Zimmermädchen, 2 € jeweils pro Tag für den Reiseleiter gelten als angemessen.

Nationale Feiertage 2018. Nach jüdischer Tradition beginnt der folgende Tag mit dem Sonnenuntergang. Das heißt: Der Feiertag und eventuelle Einschränkungen gelten bereits am Vorabend des entsprechenden Datums. 1.4.: Pessach; 7.4.: Pessach-Ende; 20.4: Unabhängigkeitstag; 21.5.: Schavuot. 11.9.: Rosch Haschana, jüdisches Neujahr; 19.9.: Jom Kippur; 25.9.: Sukkot; 2.10.: Simchat Tora. ——

Illustration: ADAC Reisemagazin (Foto: Eva-Maria Feilkas)

Bitte einpacken. *Badeschuhe, Trekkinghose und Haarclips, dazu Zettel und einen schönen Füller*

Scharfkantig. Die Salzkristalle am Boden des Toten Meeres können scharf sein. Und mit frischen Wunden ins salzige Wasser? Keine gute Idee! Daher Badeschuhe.

Variabel. Im Norden kühl, im Süden warm, tags heiß, nachts kalt: Da empfiehlt sich die Trekkinghose – am besten mit abnehmbaren, langen Hosenbeinen.

Erwünscht. Zettel mit Gebeten und Wünschen in die Ritzen der Klagemauer zu stecken ist eine schöne Tradition. Warum nicht einen feinen Füller mitnehmen und das beschriftete „Kvittelchen" in die Western Wall stecken?

Bedeckt. Apropos Klagemauer: Männer sollten sich ihr nur mit einer Kippa nähern. Das ist kein Problem, vor den Zugängen bekommt man eine geschenkt. Aber nicht bei jedermann bleibt das Käppchen auf dem Hinterkopf in Position. Die Israelis behelfen sich dann mit einer Haarklammer.

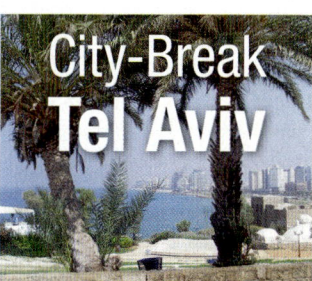

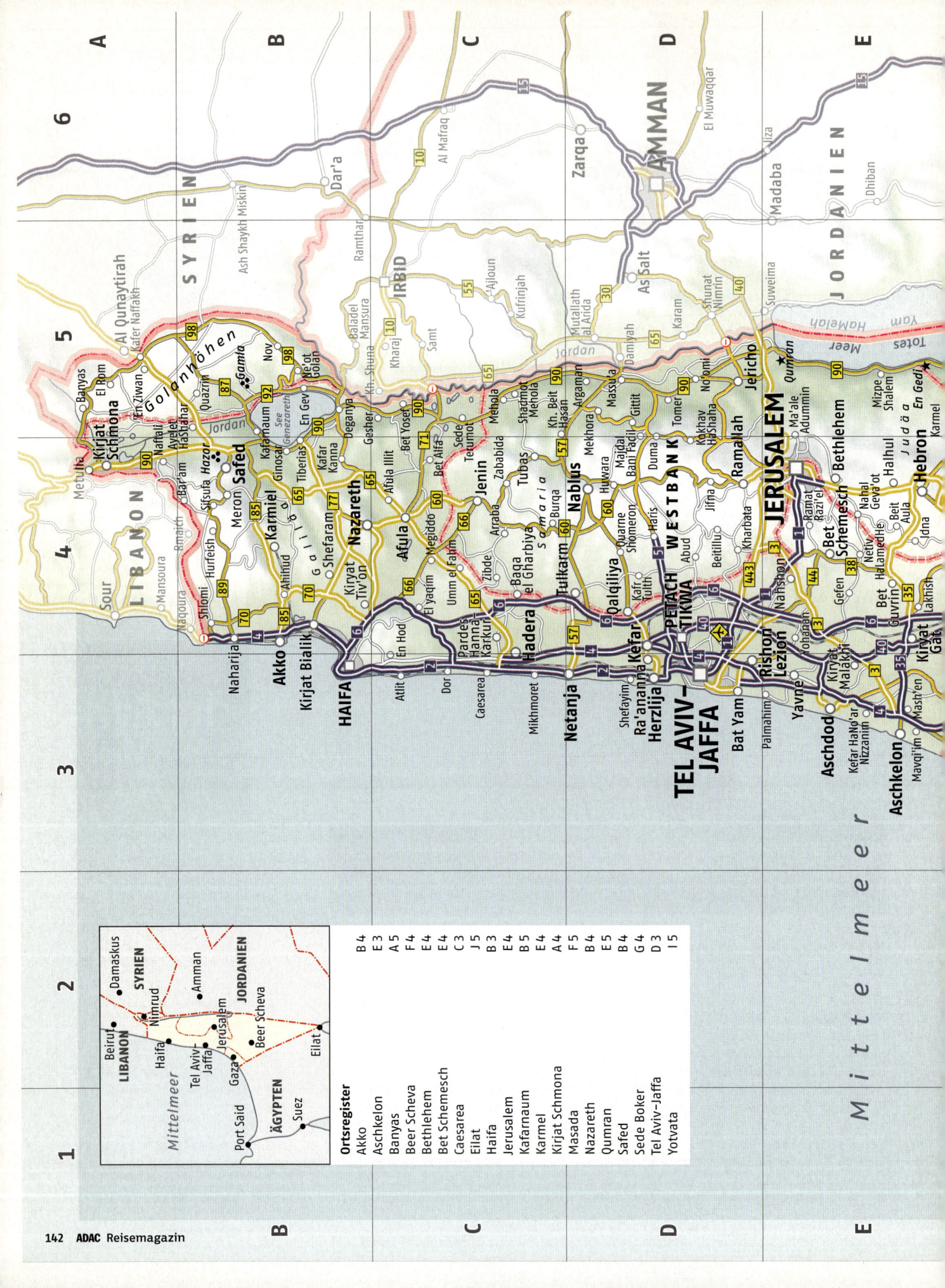

Ortsregister

Akko	B 4
Aschkelon	E 3
Banyas	A 5
Beer Scheva	F 4
Bethlehem	E 4
Bet Schemesch	E 4
Caesarea	C 3
Eilat	J 5
Haifa	B 3
Jerusalem	E 4
Kafarnaum	B 5
Karmel	E 4
Kirjat Schmona	A 4
Masada	F 5
Nazareth	B 4
Qumran	E 5
Safed	B 4
Sede Boker	G 4
Tel Aviv-Jaffa	D 3
Yotvata	I 5

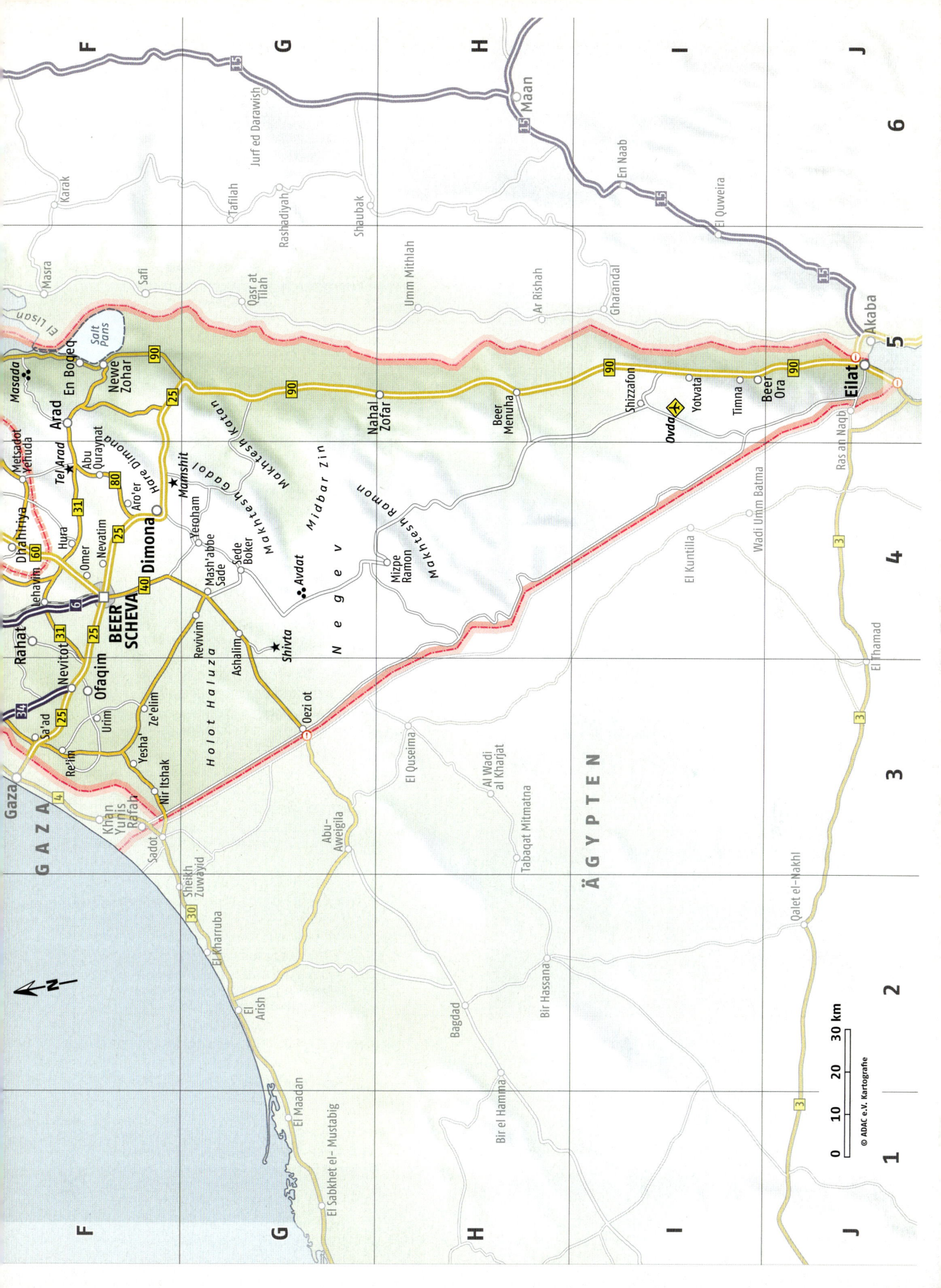

Das Magazin mit den schönsten Seiten der Welt

Bestellen Sie jetzt Ihre Ausgabe unter:

adac.de/Reisemagazin

Impressum

HERAUSGEBER
Allgemeiner Deutscher Automobil-Club e.V. (ADAC)
Hansastraße 19, 80686 München

CHEFREDAKTEUR: Martin Kunz
(verantwortlich für den redaktionellen Inhalt)

LEITENDE REDAKTEURE:
Verena Gaspar, Matthias Maus

LEITER PRODUKTION: Georg Zähringer

ARTDIRECTOR: Andreas Wiedemann

BILD: Noemi Landsberg

CHEFS VOM DIENST: Diane Göbel, Sonja Jachthuber

TEXTCHEF: Michael Gösele

VERANTWORTLICHER REDAKTEUR DIESER AUSGABE:
Helmuth Meyer

REDAKTION:
Dr. Traute Ewers, Katja Fastrich, Verena Gaspar, Matthias Maus,
Helmuth Meyer, Elke Satzger, Kati Thielitz

GRAFIK:
Nina Göring, Richard Wagner

BILDREDAKTION:
Jasmin Rozencwajg, Florian Stern

DOKUMENTATION:
Dr. Traute Ewers, Matthias Maus

MITARBEIT:
Sonja Woyzechowski (Schlussredaktion)

Postanschrift: Redaktion ADAC Reisemagazin, 81365 München
Tel. 089/76 76-24 61, Fax: 76 76-26 04
E-Mail: redaktion.reisemagazin@adac.de
Internet: www.adac.de/reisemagazin

ADAC VERLAG GMBH & CO. KG
Geschäftsführung: ADAC Verlag Verwaltungs GmbH
Persönlich haftender Gesellschafter:
ADAC Verlag Verwaltungs GmbH

GESCHÄFTSFÜHRER: Dr. Carsten C. Hübner

KOMMANDITIST: ADAC SE (100 %)

ANZEIGENLEITUNG: Josef Eisenberger

ANZEIGENABWICKLUNG: Sabine Maurer, Lutz Sonntag
(verantwortlich für den Inhalt der Anzeigen)
Anzeigentarif: Nr. 27 vom 1.1.2017
Tel. 089/76 76-47 14, Fax: 76 76-47 01
E-Mail: anzeigen@adac.de, Mediadaten: www.media.adac.de

HERSTELLUNGSLEITUNG: Dirk Beyer

HERSTELLUNG: Barbara Thoma, Ralph Melzer

VERTRIEBSLEITUNG: Michael Epp
Postanschrift: ADAC Verlag GmbH & Co. KG, 81365 München

ABONNENTEN-BETREUUNG
ADAC Verlag GmbH & Co. KG, Leser-Service, 74569 Blaufelden,
Tel. 07953/71 89 0 77, Fax: 88 36 42, E-Mail: info@leserservice.adac.de
Jahresabonnement derzeit 46,80 € frei Haus. Preisänderungen vorbehalten.

VERTRIEB HANDEL
MZV Moderner Zeitschriften Vertrieb GmbH & Co. KG,
Ohmstraße 1, D-85716 Unterschleißheim
Vertriebsleitung: Timo Wenzlawski

DIGITALE VORSTUFE
Eupro Medientechnik GmbH, Kistlerhofstraße 70, 81379 München

DRUCK
Appl Druck GmbH, Senefelderstraße 3–11
86650 Wemding

Nr. 163 März/April 2018
ISBN: 978-3-86207-225-5   ISSN 1610-2290

01

02

03

Südtirol. *Die nördlichste Provinz Italiens bietet überwältigend schöne Bergwelten, mediterrane Städte und die vielleicht beste Küche der Welt*

01 Verbunden. Wir gehen in den Sextner Dolomiten auf Trekkingtour. Durch das Innerfeldtal wandern wir über das Gwengalpenjoch hinauf bis zum imposanten Gebirgsstock Drei Zinnen. An unserer Seite: sanftmütige Lamas, die unser Gepäck tragen und an jeder Schutzhütte Begeisterung auslösen.

02 Verjüngt. Meran wirkt auf den ersten Blick wie ein begehbares Souvenir der Sisi-Ära. Doch wer die Wan-delhalle entlangspaziert, die Therme besucht oder durch die Lauben schlendert, spürt allenthalben das neue Leben: Junge Gastronomen, Hoteliers und Designer haben die Kurstadt kräftig entstaubt.

03 Vereint. Schlutzkrapfen und Knödel kommen in Südtirol ebenso auf den Tisch wie Pizza und Penne. Manche Köche aber kombinieren nordalpine mit mediterranen Zutaten – und schaffen ganz neue, köstliche Kreationen.

Das ADAC Reisemagazin Südtirol erscheint am 19.04.2018

IN VORBEREITUNG
Portugal, Kreta, Kreuzfahrten

ZULETZT ERSCHIENEN
Oberösterreich, Kanarische Inseln, Dresden. Alle lieferbaren Titel finden Sie auf der beiliegenden Bestellkarte

FRAGEN ZUM ABO?

ADAC Verlag GmbH & Co. KG
Leser-Service
74569 Blaufelden
Tel. 07953/7189077
Fax: 07953/883642
E-Mail: info@leserservice.adac.de

FRAGEN AN DIE REDAKTION?

Redaktion ADAC Reisemagazin
Hansastraße 19
80686 München
Tel. 089/7676-2461
Fax: 089/7676-2604
E-Mail: redaktion.reisemagazin@adac.de

Fotos: Quirin Leppert, Daniel Delang, Sorin Morar

Die Wüste lebt

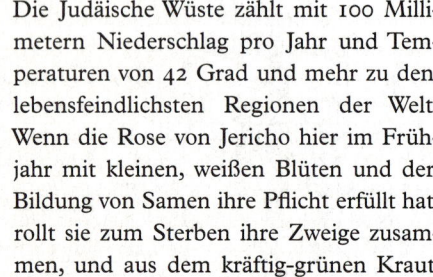

Die Judäische Wüste zählt mit 100 Millimetern Niederschlag pro Jahr und Temperaturen von 42 Grad und mehr zu den lebensfeindlichsten Regionen der Welt. Wenn die Rose von Jericho hier im Frühjahr mit kleinen, weißen Blüten und der Bildung von Samen ihre Pflicht erfüllt hat, rollt sie zum Sterben ihre Zweige zusammen, und aus dem kräftig-grünen Kraut wird ein unscheinbares braunes Knäuel.

Nach einem Regenschauer aber saugen sich die Zellen der toten Pflanze voll mit Wasser, sie entfaltet sich und verfärbt sich ins Grünliche. Die Wüstenbewohner vergangener Jahrtausende wussten nicht, dass sich dabei ein rein physikalisches Phänomen abspielt – sie glaubten an die Rückkehr vom Tod ins Leben und verpassten Anastatica hierochuntica den Beinamen „Auferstehungspflanze".

Das weckt Assoziationen an das Land im Nahen Osten: Die Israeliten entkamen in Ägypten den biblischen Plagen und rappelten sich nach dem Kindermord in Bethlehem wieder auf, der Staat überstand den Unabhängigkeits-, den Sechstage- und den Jom-Kippur-Krieg.

Wer so eine Auferstehung im Zeitraffer und im Kleinen erleben möchte, legt die Rose von Jericho – für ein paar Schekel bzw. Euro erhältlich – in eine Schale mit kaltem Wasser. Innerhalb weniger Stunden entfaltet sie sich und lässt Erinnerungen an eines der interessantesten Länder des Planeten lebendig werden. So leicht geht das mit dem ewigen Leben – zumindest in der Fantasie.

In Ein Gedi züchtet Eilam Raz die Pflanze und versendet sie (www.roseofjericho.org), in Deutschland ist sie erhältlich über www.yakeba.de

Fotos: Eva-Maria Feilkas